CONSULTA FISCAL

HUGO DE BRITO MACHADO

CONSULTA FISCAL

2ª edição

Atualizador
Schubert de Farias Machado

2024

EDITORA JusPODIVM | MALHEIROS EDITORES

www.editorajuspodivm.com.br

CONSULTA FISCAL

© Hugo de Brito Machado

1ª ed., 2018.

EDITORA *Jus*PODIVM | MALHEIROS EDITORES

www.editorajuspodivm.com.br

Rua Canuto Saraiva, 131 – Mooca – CEP: 03113-010 – São Paulo – São Paulo
Tel: (11) 3582.5757

Contatos: https://www.editorajuspodivm.com.br/central-de-relacionamento
malheiroseditores@terra.com.br

Diagramação: Editora JusPODIVM

Capa: Ana Caquetti

Atualizador: Schubert de Farias Machado

M149c Machado, Hugo de Brito
Consulta Fiscal / Hugo de Brito Machado – 2.ed., rev., atual. e ampl. - São Paulo: Editora JusPodivm, 2024.
128 p.

ISBN: 978-85-442-5296-3.

1. Direito Tributário. I. Machado, Hugo de Brito. II. Título.

CDD 341.39

Bibliotecária Responsável

Ana Carolina Ribeiro Mois – CRB7 – RJ 007348/0

PREFÁCIO DO ATUALIZADOR À 2ª EDIÇÃO

Nossa iniciativa de manter vivo o pensamento do professor Hugo de Brito Machado, atualizando e republicando sua obra, se deve, sobretudo, ao valor de seus textos, que não podem ficar fora de catálogo.

Consideramos, também, a grande importância de sua visão crítica, que, sem perder o rigor técnico, nos lembra a necessidade de tomar o direito como limite ao poder e, mais especificamente, encarar o direito tributário como limite ao poder de tributar.

Na atualização da obra "Consulta Fiscal", muito pouco precisou ser feito. A qualidade do texto se impõe. Fizemos poucas notas de rodapé indicando nova legislação. Trata-se de assunto ainda pouco abordado na doutrina, embora tenha pontos sensíveis que reclamam ser permeados pelos direitos e garantias fundamentais. O livro que colocamos em suas mãos, caro leitor, mostrará bem essa particularidade.

Agradecemos à Juspodivm/Malheiros pela oportunidade de contribuir com a permanente divulgação da obra de Hugo Machado. Boa leitura!

Fortaleza, 18 de maio de 2024.

SCHUBERT DE FARIAS MACHADO

SUMÁRIO

1

INTRODUÇÃO

O tema consulta fiscal, ou consulta ao Fisco, tem sido pouco explorado pelos doutrinadores em nosso País. Tratando especificamente sobre ele só conhecemos três monografias. Uma estrangeira, *La Consulta Tributaria*, de Francisco D. Adame Martínez, editada pela Editorial Dodeca, de Granada, em 2000, e duas monografias brasileiras, sendo uma de autoria do professor Valdir de Oliveira Rocha, editada pela Dialética, de São Paulo, em 1996, e a outra de autoria de Kelly Magalhães Faleiro, editada pela Noeses, também de São Paulo.

A monografia de Kelly Magalhães Faleiro contém "Prefácio" do professor Paulo de Barros Carvalho, com elogios à autora, que, segundo ele, aplica muito bem as categorias kelsenianas das normas gerais e abstratas, gerais e concretas, individuais e abstratas e individuais e concretas, para identificar, no conteúdo do ato de resposta da autoridade administrativa competente, uma norma individual e abstrata, cujo sentido é construído a partir dos termos expressos mediante os quais é posta no ordenamento.

A propósito da importância do tema e da inexistência de monografias tratando da consulta fiscal, escreve Valdir de Oliveira Rocha:

> 1. A consulta fiscal tem sido, entre nós, objeto de diversos artigos ou capítulos de textos mais alongados, mas não tem sido cuidada monograficamente.
>
> 2. Tratando-se, como é, de instituto relevante, seja como instrumento de orientação do contribuinte, seja como meio de se promover a harmonização Fisco-contribuinte, sente-se a ausência de estudo mais abrangente que dele cuide sobretudo à luz da Constituição de 1988, que, se não o alterou radicalmente, ao menos pede seja analisado à luz de novas disposições que acolheu, dentre as quais a que impõe expressamente a obediência, pela Administração Pública, aos princípios da legalidade, impessoalidade, moralidade e publicidade.

> 3. O melhor conhecimento e compreensão da consulta fiscal, que podem proporcionar sua utilização mais intensiva e adequada, pedem uma abordagem que verifique qual seu fundamento constitucional, em que circunstâncias dela se deve fazer uso, quem pode consultar o Fisco, quais os limites a serem observados pela autoridade incumbida da resposta, os efeitos da resposta dada etc.[1]

Kelly Magalhães Faleiro também destaca a relevância do tema e a escassez de estudos doutrinários sobre a consulta fiscal, afirmando:

> Em contraste com sua relevância, esse tema não tem merecido um maior aprofundamento pela doutrina pátria. Chegamos até mesmo a considerar um assunto abandonado doutrinariamente, em que pese ao valor dos poucos trabalhos publicados sobre ele. Esse livro pretende ser uma modesta contribuição ao estudo do tema, trazendo um apanhado de considerações e propostas articuladas com o intuito de elucidar o grande número de questionamentos dele decorrentes.[2]

Não há dúvida de que a consulta fiscal, ou consulta ao Fisco, é tema que se faz a cada dia mais importante, especialmente em face da complexidade cada vez maior da legislação tributária e da necessidade que tem o contribuinte de meios para que possa desfrutar de certa segurança jurídica no que diz respeito ao cumprimento de suas obrigações tributárias. E a escassez de monografias a respeito do tema consulta fiscal certamente foi a principal razão pela qual optamos por ele para elaborar esta monografia, com a qual pretendemos contribuir, ainda que modestamente, para que o assunto se faça conhecido de quantos em nosso País lidam com o direito tributário.

Não temos a pretensão de formular entendimento indiscutível, até porque nos parece que ao nos manifestarmos sobre alguma coisa, em qualquer área do conhecimento humano, é importante lembrarmos que tudo é absolutamente relativo no mundo. Sobre esse relativismo, Radbruch invoca lição de Goethe, a dizer que "as diversas maneiras de pensar acham afinal o seu fundamento na diversidade dos homens e por isso será sempre impossível criar neles convicções uniformes".[3]

---

1. Valdir de Oliveira Rocha, *A Consulta Fiscal*, São Paulo, Dialética, 1996, p. 7.
2. Kelly Magalhães Faleiro, *Procedimento de Consulta Fiscal*, São Paulo, Noeses, 2005, p. XVI.
3. Gustav Radbruch, *Filosofia do Direito*, 5ª ed., trad. de L. Cabral de Moncada, Coimbra, Arménio Amado Editor, 1974, p. 59.

Importante, também, é o respeito que devemos ter pelas opiniões contrárias às nossas, porque é inevitável a existência de opiniões contrárias, como escreveu David Hume, no início dos anos mil e setecentos.[4] E o nosso direito de ter opinião implica o nosso dever de respeitar as opiniões dos outros.

Aliás, merece a maior atenção a advertência de Souto Borges, segundo a qual:

> Quem é propenso a defender intolerantemente suas próprias teorias ou, num giro subjetivista, as suas convicções pessoais, as suas opiniões, já se demitiu, sem o saber, da comunidade científica. Porque se opõe, essa tendência conservadora, ao espírito aberto que ousadamente prefere o método de "tentativas e erros", pela formulação de hipóteses testáveis independentemente.[5]

Por outro lado, não podemos deixar de considerar que existe o que temos denominado certo para efeitos práticos, que é exatamente o que, em face das divergências suscitadas por quem sustenta opiniões diversas, é afirmado pelo órgão ao qual o sistema jurídico confere competência para decidir. Em síntese, o certo para efeitos práticos é o afirmado pelo Superior Tribunal de Justiça/STJ frente a divergências suscitadas em face das leis, e pelo Supremo Tribunal Federal/STF frente a divergências suscitadas em face da Constituição Federal.

Começaremos estudando *O Direito à Consulta*, a partir do fundamento constitucional do direito que o contribuinte tem de formular consulta fiscal e enfrentando a divergência que existe entre os dois autores das monografias brasileiras acima referidas, e procurando explicar outros aspectos que nos parecem relevantes. Em seguida estudaremos o *Objeto da Consulta*, procurando apontar, com isto, a utilidade que certamente tem a consulta fiscal para os contribuintes em nosso País, em face da complexidade da legislação tributária e em especial da existência de muitas regras sobre tributação postas na vigente Constituição Federal. Depois vamos estudar a titularidade do direito de formular consulta, vale dizer, vamos examinar a questão de saber *Quem Pode Formular Consulta*, e explicar a restrição feita na legislação quanto à titularidade do direito de

---

4. David Hume, *Tratado da Natureza Humana*, 2ª ed., trad. de Débora Danowski, São Paulo, UNESP, 2009, pp. 19-20.

5. José Souto Maior Borges, *Obrigação Tributária – Uma Introdução Metodológica*, São Paulo, Saraiva, 1984, p. 86.

consultar. Em seguida estudaremos a *Forma da Consulta*, vale dizer, a forma que deve ter a peça com a qual é feita a consulta, bem como a forma que deve ter a resposta a esta oferecida pela autoridade administrativa competente. Depois estudaremos o *Objetivo da Consulta*, vale dizer, o objetivo a ser alcançado pelo consulente com sua formulação, objetivo que não pode ser alcançado com a consulta que o contribuinte pode fazer a um profissional do Direito, especialista em tributação, por mais preparado que seja este. Em seguida vamos estudar os *Efeitos da Consulta e da Resposta*, procurando explicar quais são os efeitos jurídicos que produz a formulação de uma consulta fiscal, e quais os efeitos decorrentes da resposta que a Administração Tributária oferece ao consulente. Depois estudaremos a *Mudança de Entendimento da Administração* a respeito da matéria objeto da consulta fiscal, explicando que existe a possibilidade de mudança do entendimento adotado pela Administração Tributária na resposta a consulta fiscal, e o que deve fazer a autoridade administrativa no caso de ocorrer tal mudança. Por último faremos uma síntese a respeito das *Conclus*ões que podemos firmar em face de tudo o que escrevemos neste livro.

Indicaremos, finalmente, a *Bibliografia* existente sobre o assunto, que, embora não seja vasta em termos de monografias, alberga vários artigos em revistas jurídicas e capítulos de livros de direito tributário. E, ainda, os textos da legislação, inclusive os albergados por regras infralegais editados pela Secretaria da Receita Federal a respeito do procedimento da consulta fiscal.

2
DIRETO À CONSULTA

2.1 Considerações iniciais. 2.2 Fundamento constitucional do direito à consulta. 2.3 O procedimento de consulta. 2.4 Os princípios jurídicos envolvidos: 2.4.1 Legalidade – 2.4.2 Segurança jurídica – 2.4.3 O devido processo legal – 2.4.4 Necessidade de fundamentação – 2.4.5 Publicidade. 2.5 Algumas conclusões.

2.1 Considerações iniciais

Ao estudarmos qualquer tema jurídico não podemos deixar de levar em consideração que o Direito é expresso em linguagem, e nesta a utilização adequada dos conceitos é de fundamental importância. Vejamos o que a esse respeito ensina Rafael Bielsa, que escreve:

> Todo examen del vocabulario jurídico que contribuya a la aclaración y a la depuración de los conceptos debe estimarse como útil en algún grado. Si hay una disciplina en la cual conviene emplear la palabra adecuada o propia, ella es la del Derecho. Tanto en el orden legislativo como en el judicial – y no digamos en el administrativo – esta precaución es indispensable aunque sólo sea para evitar controversias o discusiones que surgen precisamente de la confusión y duda sobre un término.[1]

Aliás, os conceitos são sempre da maior importância em qualquer teoria, pois é com estes construída. Neste sentido é a lição de Albuquerque Rocha, que escreveu:

> Teoria é um corpo de *conceitos sistematizados* que nos permite conhecer um dado domínio da realidade. A teoria não nos dá um conhecimento direto

1. Rafael Bielsa, *Los Conceptos Jurídicos y su Terminología*, 3ª ed., Buenos Aires, Depalma, 1987, p. 9.

> e imediato de uma realidade concreta, mas nos proporciona os meios (os conceitos) que nos permitem conhecê-la. E os meios ou instrumentos que nos permitem conhecer um dado domínio da realidade são justamente os conceitos que, sistematizados, formam a teoria. Daí a definição de teoria como um corpo de conceitos sistematizados que nos permite conhecer um dado domínio da realidade.[2]

Não podemos esquecer que o ordenamento jurídico é um sistema, e, como tal, não pode albergar antinomias. E, por se tratar de um sistema organizado em patamares hierárquicos, a atenção para os conceitos é extremamente necessária, para evitar que o elaborador de uma regra utilize uma palavra em sentido diverso daquele com o qual está utilizada em regra de patamar superior, e a falta de atenção para o significado das palavras utilizadas na elaboração das regras pode implicar invasão de um patamar por regras situadas em patamar inferior, em prejuízo do critério hierárquico como elemento de superação das antinomias entre as regras do sistema.

No âmbito do direito tributário existe a preocupação do legislador com a preservação dos conceitos enquanto elementos importantes na hierarquia normativa. Preocupação que está evidenciada, por exemplo, no art. 110 do Código Tributário Nacional/CTN, que, a rigor, é meramente explicitante. Tem natureza meramente didática, como já tivemos oportunidade de demonstrar.[3] Mesmo que ele não existisse, não poderia ser diferente. A lei tributária não pode alterar a definição, o conteúdo e o alcance de institutos, conceitos e formas de direito privado ou de qualquer outra área do Direito utilizados pela Constituição. Se pudesse, a lei estaria autorizada a subverter a hierarquia.

A Constituição é o conjunto de regras de hierarquia mais elevada no sistema, e, por isto mesmo, as palavras nela empregadas devem ser consideradas plenas de significado. Tem inteira razão Dahrendorf: "La respuesta al problema de la ley e el orden puede resumirse en una expresión: construcción de instituciones".[4] "Construção de instituições" mediante a consolidação dos conceitos utilizados nas normas do sistema

---

2. José de Albuquerque Rocha, *Teoria Geral do Processo*, 6ª ed., São Paulo, Malheiros Editores, 2002, p. 17.

3. Hugo de Brito Machado, "A importância dos conceitos jurídicos na hierarquia normativa – Natureza meramente didática do art. 110 do CTN", *Revista Dialética de Direito Tributário* 98/71-90, São Paulo, Dialética, novembro/2003.

4. Ralf Dahrendorf, *Ley y Orden*, trad. de Luis María Díez-Picazo, Madri, Civitas, 1994, p. 153.

jurídico, porque a criação de instituições é a criação e, muitas vezes, a recriação de normas plenas de significado a partir de seus princípios ("La construcción de instituciones es la creación y, a menudo, la recreación de normas llenas de significado a partir de sus principios").[5]

Infelizmente, porém, pouco valor se tem dado aos princípios, preferindo-se o casuísmo, o Direito por regras, de sorte que é cada vez maior o número de divergências em sua interpretação e sua aplicação. E mesmo quando se chega a um consenso quanto a certos conceitos não se pode dizer que se chegou à verdade. É o que nos ensina Celso Antônio Bandeira de Mello, que escreve:

> Vale notar que a pacificação doutrinária ou jurisprudencial – quando ocorra – em torno de um conceito não significa, de modo algum, que este sucesso se deva ao fato de ter sido encontrado o conceito "verdadeiro", ou "certo". Em verdade, dado o caráter *convencional* do conceito, terá havido simplesmente a imposição ou a difusão maior dele, em face do prestígio de quem o propôs ou, afinal, por qualquer outra razão que haja contribuído para a adoção daquele "padrão", daquele "modelo" representativo de um conjunto de elementos arrecadados nas indicações do direito positivo.[6]

Talvez com o propósito de superar as dificuldades decorrentes da imprecisão dos conceitos, muitos apelam para as definições. Mas definir é algo geralmente muito difícil, ou, mesmo, impossível, e por isto mesmo vale para tudo o que vamos escrever a respeito da consulta fiscal, ou consulta ao Fisco, o que afirmamos em nosso *Curso de Direito Constitucional Tributário* em relação aos conceitos jurídicos em geral, vale dizer, tudo o que afirmamos deve ser entendido como opiniões sujeitas a contestações.[7]

---

5. Idem, p. 157.

6. Celso Antônio Bandeira de Mello, *Curso de Direito Administrativo*, 33ª ed., São Paulo, Malheiros Editores, 2017, p. 392.

7. É a lição de Gustav Radbruch, *Filosofia do Direito*, 5ª ed., Coimbra, Arménio Amado Editor, 1974, pp. 44-45: "Que o Direito é obra dos homens e que, como toda a obra humana, só pode ser compreendido através da sua ideia, é por si mesmo evidente. Reconheceremos isto mesmo, se tentarmos definir qualquer obra humana, por mais simples que seja – por exemplo, *uma mesa* – sem tomarmos em consideração, primeiro que tudo, o fim para o qual ela foi feita. Uma mesa pode, sem dúvida, definir-se como uma prancha assente sobre quatro pernas. E, contudo, se dermos esta definição de mesa logo surgirá a seguinte dificuldade: há mesas que não tem quatro pernas, mas tem três, duas, uma perna só, e há as até sem pernas, como as dobradiças, por forma que só vem afinal a constituir elemento essencial do conceito de mesa a ideia de prancha. Esta, porém, também não se distingue de qualquer outra tábua, ou grupo

Aliás, a possibilidade de opiniões diversas na resposta à mesma questão jurídica apresenta-se desde logo no tema deste nosso livro, quando estudamos o fundamento constitucional do direito à consulta, como veremos mais adiante.

A indiscutível importância que os conceitos têm na linguagem jurídica nos leva a examinar, aqui, os conceitos *processo* e *procedimento*, especialmente para demonstrarmos a distinção que existe entre eles e explicar por que a consulta fiscal enseja um procedimento, e não um processo. E, por isto mesmo, quando nos referimos à consulta fiscal não devemos nos referir a um processo, mas a um procedimento.

Depois de examinarmos o direito à consulta vamos estudar o procedimento de consulta, e no capítulo dedicado ao estudo do objetivo da consulta fiscal voltaremos ao tema, explicando melhor porque a consulta é um procedimento, e não um processo. Mais adiante estudaremos os princípios jurídicos envolvidos nessa temática e, finalmente, vamos formular algumas conclusões às quais poderemos chegar.

2.2 Fundamento constitucional do direito à consulta

O direito do contribuinte de formular consulta ao Fisco e obter deste a resposta ao que foi questionado tem, no sistema jurídico brasileiro, indiscutível fundamento na vigente Constituição Federal. Assim é que os dois autores das monografias que conhecemos sobre o assunto, embora divergindo quanto a qual seja esse fundamento, apontam um fundamento constitucional para o direito à consulta.

---

de tábuas reunidas, a não ser pela sua finalidade. E assim chegaremos à conclusão de que o respectivo conceito, o conceito de mesa, por último, só pode definir-se dizendo que mesa é um móvel que serve para sobre ele se colocarem quaisquer objetos destinados às pessoas que em torno dele podem vir a achar-se. Não pode, portanto, haver uma justa visão de qualquer obra ou produto humano se abstrairmos do fim para que serve e do seu valor. Uma consideração cega aos fins, ou cega aos valores, é pois aqui inadmissível, e assim também a respeito do Direito ou de qualquer fenômeno jurídico. Do mesmo modo, por exemplo, uma ciência natural do crime, como pretendeu construí-la a Antropologia criminal, só é possível depois de se ter substituído a um conceito de crime, referido a valores jurídicos, um conceito naturalístico de crime. Seria um milagre extraordinário – produto duma espécie de harmonia preestabelecida entre dois modos totalmente diversos de contemplar a realidade, que ninguém suspeitaria possível – se um conceito formado com referência a valores, como o de Direito ou o de crime, pudesse coincidir com um conceito naturalístico obtido através duma contemplação não valorativa (*wertblind*) das coisas".

Valdir de Oliveira Rocha aponta como fundamento constitucional do direito à consulta fiscal o direito de petição, assegurado pelo art. 5º, XXXIV.[8] José Eduardo Soares de Melo também sustenta que o direito à consulta fiscal tem fundamento no direito de petição aos Poderes Públicos, como se vê em seu interessante artigo "Nulidades no processo administrativo tributário".[9] Esse entendimento, porém, não é pacífico. Com bons fundamentos, Kelly Magalhães Faleiro aponta como fundamento constitucional do direito à consulta o direito à informação, assegurado pelo art. 5º, XXXIII, da vigente CF.[10]

Vejamos, então, qual dessas duas garantias constitucionais deve ser considerada como fundamento para o direito do contribuinte de formular consulta ao Fisco e obter deste a resposta para a questão colocada.

A CF estabelece:

> Art. 5º. Todos são iguais perante a lei, sem distinção de qualquer natureza, garantindo-se aos brasileiros e aos estrangeiros residentes no País a inviolabilidade do direito à vida, à liberdade, à igualdade, à segurança e à propriedade, nos termos seguintes: (...); XXXIII – todos têm direito a receber dos órgãos públicos informações de seu interesse particular, ou de interesse coletivo ou geral, que serão prestadas no prazo da lei, sob pena de responsabilidade, ressalvados aquelas cujo sigilo seja imprescindível à segurança da sociedade e do Estado; XXXIV – são a todos assegurados, independentemente do pagamento de taxas: a) o direito de petição aos Poderes Públicos em defesa de direitos contra ilegalidade ou abuso de poder; b) a obtenção de certidões em repartições públicas, para defesa de direitos e esclarecimento de situações de interesse pessoal; (...).

Assim, a questão que se coloca consiste em saber em qual desses dispositivos da Constituição Federal reside o fundamento do direito do contribuinte de formular consulta ao Fisco.

Valdir de Oliveira Rocha sustenta que o fundamento constitucional do direito à consulta fiscal reside no inciso XXXIV, "a", do art. 5º da CF, que assegura a todos "o direito de petição aos Poderes Públicos em defesa de direitos ou contra ilegalidade ou abuso de poder". Em suas palavras:

---

8. Valdir de Oliveira Rocha, *A Consulta Fiscal*, São Paulo, Dialética, 1996, pp. 9-15.

9. José Eduardo Soares de Melo, "Nulidades do processo administrativo tributário", *Revista Fórum de Direito Tributário* 67/9-31, Belo Horizonte, Fórum, janeiro-fevereiro/2014.

10. Kelly Magalhães Faleiro, *Procedimento de Consulta Fiscal*, São Paulo, Noeses, 2005, p. 1.

Um primeiro traço da natureza jurídica da consulta fiscal, que é espécie do gênero consulta, diz com o exercício do direito de petição, constitucionalmente assegurado.[11]

Em sua monografia sobre o assunto, cujo Capítulo II tem o título "Direito de Petição", Valdir de Oliveira Rocha desenvolve argumentos no sentido de demonstrar que a formulação da consulta fiscal é uma forma de exercitar o direito de petição, que, segundo ele, envolve o direito a uma resposta, vale dizer, o direito a pronunciamento da Administração. Começa sua argumentação escrevendo:

> *O direito de petição aos Poderes Públicos, em defesa de direitos, é assegurado a todos*, como está posto no art. 5º, inciso XXXIV, letra "a", da Constituição da República Federativa do Brasil de 1988.
>
> Se assim é, assegurada a todos, ninguém será excluído dessa garantia. Homens e mulheres, independentemente de origem, raça, sexo, cor, idade e quaisquer outras formas de discriminação, podem exercê-la. Aliás, mais do que isso: quaisquer pessoas (conceito eminentemente jurídico) podem dela fazer uso, assim as chamadas naturais (ou físicas) como as jurídicas. Todo sujeito de direito é titular do direito de petição.[12]

A tese de Valdir de Oliveira Rocha quanto ao fundamento constitucional do direito à consulta fiscal é adotada por Hugo de Brito Machado Segundo, que escreve:

> Fundado diretamente no direito de petição (CF/1988, art. 5º, XXXIV, "a"), o processo de consulta fiscal tem por finalidade sanar um estado de incerteza do administrado quanto à conduta que a Administração Pública entende deva ser adotada em face de determinada situação de fato.[13]

Posição diversa é a adotada por Kelly Magalhães Faleiro, que, antes de se reportar à doutrina de Valdir de Oliveira Rocha, que refuta, sustenta que o fundamento constitucional do direito à consulta é o direito à informação, assegurado pelo art. 5º, XXXIII, da CF, escrevendo:

> Assim, o art. 5º, XXXIII, da CF obriga o Poder Público a promover as condições que tornem efetivas e reais a liberdade e a igualdade do indivíduo

---

11. Valdir de Oliveira Rocha, *A Consulta Fiscal*, cit., p. 14.

12. Idem, p. 9.

13. Hugo de Brito Machado Segundo, *Processo Tributário*, 9ª ed., São Paulo, Atlas, 2017, p. 210.

e dos grupos em que se integrem, removendo os obstáculos que impeçam ou dificultem sua plenitude e facilitando a participação de todos os cidadãos na vida política, econômica, cultural e social. Mediante a atividade de resolução das consultas tributárias, que se desenvolve sob o manto do direito à informação, a Administração contribui para o fomento da liberdade e igualdade de todos os administrados. Com efeito, não será possível referir-se a um cidadão livre quando este não conhece a forma de dar cumprimento às obrigações que derivam de sua própria integração no grupo social de que faz parte. Obrigações, estas – registramos –, cada vez mais numerosas e complexas, demandando instrução por parte da Administração.

Constitui, dessa forma, a consulta fiscal meio de acesso à informação e por seu turno via válida para dar cumprimento ao art. 37 da CF, que exalta a vinculação da Administração à satisfação do interesse público, em conformidade, entre outros, com o princípio da eficiência, submetida à lei e ao Direito.

A consulta fiscal, ao mesmo tempo em que se configura instrumento de realização do direito à informação, identifica-se como meio de fortalecimento da segurança jurídica que deve proporcionar o sistema tributário. Insere-se, portanto, nesse direito amplo de assistência e informação, contido no art. 5º, XXXIII, da CF, que possuem os administrados em face da Administração, especificamente no âmbito tributário, como contrapartida à sobrecarga de obrigações e deveres que sofrem, sobretudo no atual contexto de autogestão tributária.[14]

E, adiante, reporta-se expressamente à doutrina de Valdir de Oliveira Rocha, que refuta, escrevendo:

Alguns autores que já escreveram sobre o tema entendem que o fundamento constitucional da consulta é o direito de petição (art. 5º, XXXIV, "a").[15] Dentre estes, destacamos Valdir de Oliveira Rocha, segundo o qual "a natureza jurídica da consulta fiscal, que é espécie do gênero consulta, diz com o exercício do direito de petição, constitucionalmente assegurado".[16]

Diverso, entretanto, é o nosso entendimento.

Com a consulta fiscal o que se persegue é a informação do entendimento da Administração Pública quanto ao modo de aplicação de determinada regra tributária a um fato. É a informação que constitui o objeto do direito. Sem dúvida que, para obtê-la, haverá o interessado que solicitá-la e para

14. Kelly Magalhães Faleiro, *Procedimento de Consulta Fiscal*, cit., pp. 2-3.

15. Citando: Valdir de Oliveira Rocha, *A Consulta Fiscal*, pp. 9-13; Fúlvia Helena de Gioia, *O Procedimento Administrativo de Consulta Tributária*, pp. 97-98; Carla de Lourdes Gonçalves, *A Consulta Tributária e as Relações entre Fisco e Contribuinte*, p. 41.

16. Citando Valdir de Oliveira Rocha, *A Consulta Fiscal*, p. 14.

> isso necessitará do reconhecimento do seu direito de pedir, de se dirigir à Administração com o objetivo de reclamar desta alguma providência. Isto não significa que o direito de petição seja em si o fundamento da consulta fiscal. Na verdade, o direito de pedir está contido no direito à informação, pois se é certo que alguém tem o direito de ser informado é porque antes tem o direito de pedir a informação. A rigor, o direito de pedir está implicitamente contido em todos aqueles direitos que implicam um *facere* da Administração ou que a coloquem na contingência de dar algo a alguém. Para obter, por exemplo, uma licença de funcionamento ou uma certidão de regularidade fiscal, o interessado haverá necessariamente de solicitá-la, o que não significa que o direito à obtenção de tal licença ou certidão.
>
> Segundo o Autor, isso não se confunde com o direito de petição, pois "admitir isso seria entoar a regra de que qualquer petição dirigida aos Poderes Públicos deve ser entendida como manifestação do direito de petição".[17]

Como se vê, o argumento de Kelly Magalhães Faleiro é consistente. Na verdade, o direito de petição é, no caso da consulta fiscal, apenas um meio para que o contribuinte obtenha a informação concernente à forma de proceder da Administração Pública, vale dizer, quanto ao modo de aplicação de determinada regra tributária a um fato diante de determinada circunstância. É um direito que está implícito em todos aqueles direitos que implicam para a Administração o dever de dar ou de fazer alguma coisa.

Como o direito de formular consulta ao Fisco não é peculiar a determinado ordenamento jurídico, porque envolve a própria ideia de Estado, sua razão de ser e suas funções, consideramos útil o exame de manifestações da doutrina estrangeira sobre o tema. E a manifestação da qual dispomos, que nos parece correta, afasta a ideia de que o direito à consulta fiscal tenha fundamento no direito de petição. Trata-se da doutrina de Francisco David Adame Martínez, que em sua monografia sobre a consulta fiscal escreve:

> *2.3 Imposibilidad de encuadrar el derecho de consulta dentro del derecho fundamental de petición.* ¿Constituye el derecho de consulta una manifestación del derecho fundamental de petición? A nuestro juicio no.[18] Aunque son muchas las razones que nos obligan a llegar a esta conclusión, nosotros únicamente vamos a mencionar las dos que nos parecen más

17. Kelly Magalhães Faleiro, *Procedimento de Consulta Fiscal*, cit., pp. 3-4.

18. Constando em rodapé do texto do autor: "Uno de los autores que con mayor profundidad ha estudiado el derecho de petición, como es Colom P." [*Bartolomeu Colom Pastor, "El derecho de petición", Madri, Marcial Pons. 1997*].

> relevantes. En el fondo, no hay ningún argumento en el que apoyarse para defender que las consultas constituyen una manifestación del derecho de petición. A nosotros desde luego, por mucho que lo intentamos, no se nos acurre.[19]

E em seguida o referido autor espanhol, que é Professor Titular de Direito Financeiro e Tributário da Universidade de Sevilha, escreve mais de três páginas explicando as razões pelas quais firmou seu entendimento no sentido de que o fundamento do direito à consulta fiscal não é o direito de petição.

2.3 O procedimento de consulta

Ao estudarmos o direito à consulta fiscal coloca-se desde logo a questão de saber o que é a consulta, e sabermos se o que se inicia com a formulação desta é um processo ou um procedimento administrativo.

Muitos utilizam as palavras "processo" e "procedimento" como se tivessem o mesmo significado, vale dizer, como se fossem sinônimos.

No âmbito do direito processual civil, os doutrinadores apontam a distinção no significado das palavras "processo" e "procedimento". Vejamos, por todos, a lição de Moacyr Amaral Santos, que afirma o uso indistinto dessas palavras como se fossem sinônimos, mas aponta a distinção que existe entre elas. A esse respeito, escreveu:

> Chegou a ocasião de distinguirmos processo e procedimento, vocábulos na linguagem corrente, e até mesmo em obras especializadas, usados como sinônimos. Se praticamente não se censura a sinonímia, aconselha a boa técnica a distinção.
>
> Processo é o complexo de atividades que se desenvolvem tendo por finalidade a provisão jurisdicional; é uma unidade, um todo, e é uma direção no movimento. É uma direção no movimento para a provisão jurisdicional. Mas o processo não se move do mesmo modo e com as mesmas formas em todos os casos; e ainda no curso do mesmo processo pode, nas suas diversas fases, mudar o modo de mover ou a forma em que é movido o ato. Vale dizer que, além do aspecto intrínseco do processo, como direção no movimento, se oferece o seu aspecto exterior, como *modo de mover* e *forma em que é movido* o ato. Sob aquele aspecto fala-se em *processo*, sob este fala-se em *procedimento*.

---

19. Francisco David Adame Martínez, *La Consulta Tributaria*, Granada, Editorial Comares, 2000, p. 10.

> Assim, há *procedimento* no processo. "Procedimento" – escreve Calamandrei – "indica mais propriamente o aspecto exterior do fenômeno processual".
>
> Exatamente esse o ensinamento de João Mendes Jr., geralmente reproduzido pelos escritores patrícios. Depois de chamar a atenção para o sufixo nominal *mentum*, que se contém no vocábulo – *procedimento* – e que, "em sua derivação etimológica, exprime os atos no *modo de fazê-los e na forma em que são feitos*", o insigne processualista assinala claro a distinção: "Uma coisa é o processo, outra é o procedimento; o processo é uma direção no movimento; o *procedimento é o modo de mover e o modo e a forma em que é movido o ato*". Ou nesta outra síntese: "O processo é o movimento em sua forma intrínseca; o procedimento é este mesmo movimento em sua forma extrínseca, tal como se exerce pelos nossos órgãos corporais e se refere aos nossos sentidos".
>
> Procedimento é, pois, o modo e a forma por que se movem os atos no processo.[20]

No tema específico deste nosso livro, resta a questão de saber se a consulta é um processo ou um procedimento. Em nosso *Dicionário de Direito Tributário*, eu e Schubert de Farias Machado definimos essas duas palavras, assim:

> ***Processo*** – Conjunto de atos cuja prática é necessária a que seja produzida uma decisão judicial, ou administrativa, capaz de superar um conflito.[21]
>
> ***Procedimento*** – Na linguagem comum, procedimento é o comportamento, ou maneira como uma pessoa se comporta em suas relações sociais. No direito processual, a palavra "procedimento" designa a forma pela qual são praticados os atos em um processo. No direito tributário, procedimento designa a série de atos que compõe a ação dos agentes do Fisco com a qual constatam eventuais infrações praticadas pelo contribuinte e providenciam a constituição do crédito tributário correspondente. Série de atos na qual se incluem as decisões proferidas pelas autoridades da Administração Tributária a respeito das objeções formuladas pelos sujeitos passivos das obrigações tributárias correspondentes. Neste sentido, diz-se que existe um procedimento de lançamento, ou procedimento administrativo fiscal.[22]

Para o professor Valdir de Oliveira Rocha a consulta é um processo. Em seu livro intitulado *A Consulta Fiscal* Valdir de Oliveira Rocha

---

20. Moacyr Amaral Santos, *Primeiras Linhas de Direito Processual Civil*, 13ª ed., 2º vol., São Paulo, Saraiva, 1990, pp. 83-85.

21. Hugo de Brito Machado e Schubert de Farias Machado, *Dicionário de Direito Tributário*, São Paulo, Atlas, 2011, p. 188.

22. Idem, ibidem.

assevera que, "no direito de petição, sem desprezo de outras garantias constitucionais expressas, repousa o direito ao processo administrativo. E mais adiante utiliza a expressão "processo administrativo" em vez de "procedimento", o que nos parece indicar sua preferência pela palavra "processo" para designar a série de atos na qual se insere a consulta.[23]

Kelly Magalhães Faleiro, que suscita a questão de saber se a consulta é um processo ou um procedimento,[24] prefere a palavra "procedimento", como se vê do próprio título de sua monografia e ainda pelo uso da palavra em seu texto. E aponta o que a nosso ver realmente constitui a diferença essencial, afirmando expressamente:

> A litigiosidade é, assim, a nota distintiva entre os conceitos de processo e procedimento. Existindo litígio, independentemente da esfera de poder estatal em que se esteja atuando, haverá processo, com todas as garantias a ele inerentes. Na ausência desse elemento, haverá sempre procedimento, que é forma genérica de desenvolver toda e qualquer atividade estatal.[25]

E a consulta fiscal indiscutivelmente não tem a finalidade de solucionar litígio. Pode até ocorrer que ao formular a consulta o contribuinte saiba que poderá receber uma resposta com a qual não concorda, e que vai questionar. Entretanto, esse questionamento dar-se-á em um processo judicial, e não no procedimento de consulta. Procedimento judicial que tem como pressuposto o término do procedimento de consulta, que é na verdade um procedimento administrativo, no qual não se cogita de contraditório.

2.4 Os princípios jurídicos envolvidos

O procedimento de consulta envolve cinco princípios jurídicos, a saber: (a) o princípio da legalidade, certamente o mais importante para a caracterização do Estado de Direito; (b) o princípio da segurança jurídica, um dos princípios mais importantes em qualquer sociedade humana; (c) o princípio do devido processo legal, que de certa forma decorre do princípio da legalidade; (d) o princípio da necessidade de fundamentação dos atos administrativos; e ainda, (e) o princípio da publicidade.

---

23. Valdir de Oliveira Rocha, *A Consulta Fiscal*, cit., pp. 13-14.
24. Cf. Kelly Magalhães Faleiro, *Procedimento de Consulta Fiscal*, Noeses, São Paulo, 2005, pág. 7 a 10.
25. Kelly Magalhães Faleiro, *Procedimento de Consulta Fiscal*, cit., pp. 9-10.

Enumerados os cinco princípios jurídicos envolvidos no procedimento de consulta, vejamos algumas noções importantes relativas a cada um desses princípios.

2.4.1 Legalidade

A vigente Constituição Federal, ao tratar dos direitos e garantias individuais, estabelece que "ninguém será obrigado a fazer ou deixar de fazer alguma coisa senão em virtude de lei".[26] E quando trata do Sistema Tributário Nacional estabelece expressa e claramente que, sem prejuízo de outras garantias asseguradas ao contribuinte, é vedado à União, aos Estados, ao Distrito Federal e aos Municípios "exigir ou aumentar tributo sem lei que o estabeleça".[27]

Ao tratar dos princípios gerais de Direito na relação processual como relação jurídica, Hugo de Brito Machado Segundo escreve:

> Por legalidade entende-se a garantia concedida aos cidadãos de que estes somente por lei poderão ser obrigados a fazer ou a deixar de fazer alguma coisa. Consagrada no art. 5º, II, da CF de 1988, a legalidade impõe-se nas relações processuais como nos atos do Poder Público de uma maneira geral. Desse modo, não apenas os procedimentos administrativos preliminares (*v.g.*, uma fiscalização tributária), como também o processo administrativo de controle interno da legalidade dos atos administrativos e o processo judicial tributário, enfim, toda a atividade processual tributária desenvolve-se, como não poderia deixar de ser, nos termos em que prevista previamente em lei.[28]

E em seguida, depois de dizer que a legalidade é mais uma regra do que um princípio, justifica esta sua afirmação escrevendo:

> Não raro, a exigência de legalidade não se mostra como a positivação direta de um valor, que deverá ser atendido na medida do possível, sendo sopesado com outros que lhe são antagônicos à luz de cada caso concreto, como é o caso da capacidade contributiva, da justiça, da segurança, da proteção à livre iniciativa, ao meio ambiente, ao pleno emprego, da economia e instrumentalidade processuais, de efetividade da tutela jurisdicional etc. Não. Em muitas situações a legalidade estrutura-se tal como as regras jurí-

---

26. CF de 1988, art. 5º, II.
27. CF de 1988, art. 150, I.
28. Hugo de Brito Machado Segundo, *Processo Tributário*, cit., 9ª ed., p. 21.

dicas, e a sanção para o ato desprovido de amparo legal é a nulidade. Não existem ou pelo menos não devem existir temperamentos.[29]

Na verdade, a legalidade é um princípio se adotamos para essa qualificação o critério da fundamentalidade, que é um entre outros critérios para a distinção entre princípio e regra. Se adotarmos o critério da estrutura formal, legalidade é, na verdade, uma regra.

Seja como for, certo é que a legalidade é fundamental no procedimento de consulta. Tanto no que diz respeito à forma de formular a consulta como também, e muito especialmente, quanto à forma e ao conteúdo da resposta a ser oferecida pela autoridade administrativa.

Aliás, não há exagero em dizer que a legalidade é fundamental em todo e qualquer aspecto do Direito como sistema de limites, fruto e instrumento da racionalidade humana.

2.4.2 Segurança jurídica

A segurança jurídica é o valor mais importante entre todos os valores que o Direito tem por finalidade preservar. E pode estar incorporado em regras que se fazem da maior importância no ordenamento jurídico. A propósito, já escrevemos:

> Quando se fala do princípio da segurança jurídica, evidentemente não se fala de regra, mas de típico princípio jurídico. O princípio da segurança jurídica, todavia, não obstante sempre presente como um princípio, está inserido no ordenamento jurídico através de regras, como, por exemplo, a que afirma não ser permitida a cobrança de tributo que não tenha sido criado ou aumentado por lei.
>
> Essa regra fundamental do ordenamento jurídico pode incorporar também o princípio democrático, se por lei o ordenamento indica que se deve entender o ato normativo produzido pelo Parlamento, vale dizer, pelos representantes do povo. Pode, porém, não ter esse conteúdo, significando apenas um ato normativo anterior, e, nesse caso, mesmo sem incorporar o princípio democrático, estará incorporando o princípio da segurança jurídica.
>
> Outra regra fundamental que incorpora o princípio da segurança jurídica é aquela segundo a qual a lei não atingirá o ato jurídico perfeito e a coisa julgada.[30]

---

29. Idem, ibidem.
30. Constando em rodapé: CF de 1988, art. 5º, XXXVI.

> A regra que incorpora direta e inteiramente um princípio jurídico é, podemos dizer, uma regra fundamental que busca assegurar a observância, em grau determinado, do princípio jurídico nela incorporado.[31]

Leonardo Varella Giannetti ressalta a importância do princípio da segurança jurídica no direito tributário, escrevendo:

> A questão da segurança jurídica é um tema essencial no direito tributário. Ele está presente no direito tributário há décadas, merecendo destaque a proteção dada ao sujeito passivo por meio do art. 146 do CTN, bem como os dispositivos da Constituição que consagram os princípios da anterioridade anual e nonagesimal, bem como a irretroatividade do direito.[32]

Na verdade, o art. 146 do CTN assegura a preservação da segurança jurídica na relação de tributação ao estabelecer a irretroatividade de novos critérios jurídicos que venham a ser adotados pela autoridade administrativa na feitura do lançamento, vale dizer, na determinação do valor do tributo a ser cobrado. Trata-se, como é fácil de perceber, de irretroatividade que tem tanta importância para a segurança jurídica na relação tributária como a irretroatividade da própria lei.

2.4.3 O devido processo legal

O princípio do devido processo legal é uma importante garantia constitucional, tão importante que a Constituição Federal, ao cuidar dos direitos e garantias fundamentais, estabeleceu expressamente que "ninguém será privado da liberdade ou de seus bens sem o devido processo legal".[33]

Tratando desse importante princípio no procedimento de consulta fiscal, Kelly Magalhães Faleiro escreve:

> No que diz respeito ao procedimento de consulta fiscal, o princípio do devido processo legal manifesta-se fundamentalmente em seu aspecto

---

31. Hugo de Brito Machado, *Introdução ao Estudo do Direito*, 3ª ed., Atlas, São Paulo, 2012, pág. 190.

32. Leonardo Varella Giannetti, "Segurança jurídica e incentivos fiscais: um tema antigo, mas ainda presente nas lides tributárias", in Hugo de Brito Machado Segundo, Gustavo Lanna Murici e Raphael Silva Rodrigues (orgs.), *O Cinquentenário do Código Tributário Nacional*, vol. 1, Belo Horizonte, D'Plácido Editora, 2017, p. 599.

33. CF de 1988, art. 5º, LIV.

> substantivo (material). Por meio da observância às regras do procedimento de consulta, opera-se a realização do próprio direito material. O procedimento de consulta fiscal, em vez de ser instrumento de tutela de um direito, constitui o próprio direito material de que se trata.
>
> O respeito às regras estabelecidas no procedimento administrativo de consulta, como decorrência do princípio do devido processo legal, é garantia da efetividade do procedimento da consulta. A consulta fiscal é um instituto que em razão de certas particularidades (fim e efeitos) exige regras próprias que lhe confiram identidade e conformação. A inobservância de tais regras pode tornar inócuo o procedimento, desqualificando a consulta como um instrumento realizador da segurança jurídica. Daí o especial relevo que se atribui à observância do devido processo legal no âmbito do procedimento de consulta fiscal.[34]

Na verdade, é da maior importância, no âmbito do procedimento de consulta fiscal, a observância do devido processo legal, para que fique assegurada ao contribuinte uma resposta que expresse o efetivo entendimento da entidade da Administração Tributária a respeito da questão colocada pelo contribuinte, e a este o direito a uma resposta autêntica, confiável, expressando o comportamento que tem o dever de adotar.

2.4.4 Necessidade de fundamentação

O procedimento de consulta fiscal envolve, ainda, o princípio da necessária fundamentação dos atos administrativos. Aliás, dúvida não pode haver de que todo ato administrativo deve ser necessariamente fundamentado. Existem, é certo, manifestações em sentido diverso, porque em Direito é praticamente impossível evitar que existam divergências.

Seja como for, certo é que a cada dia estamos mais fortemente convencidos de que os atos administrativos devem ser necessariamente fundamentados, e no procedimento de consulta fiscal não é diferente. Por outro lado, é fácil de entender que especialmente a resposta dada ao contribuinte exige fundamentação.

Sobre o tema, Kelly Magalhães Faleiro escreve, com inteira propriedade:

> No âmbito do procedimento de consulta fiscal, o princípio da motivação impõe que as respostas às consultas sejam devidamente justificadas, com a indicação dos fundamentos que determinaram a decisão. O princípio da

34. Kelly Magalhães Faleiro, *Procedimento de Consulta Fiscal*, cit., p. 18.

motivação não estará atendido com a simples menção do entendimento da Administração quanto à aplicação da regra consultada ao fato, mas sim com a exposição do desencadeamento lógico e jurídico que a levou a chegar à conclusão ofertada.

A análise da validade da opção eleita pelo agente administrativo depende da motivação de sua resposta. É na motivação que se evidencia o percurso do trabalho de interpretação feito pelo agente administrativo: de subsunção da norma ao fato, tornando possível a verificação da validade do ato.[35]

É indiscutível que o agente administrativo, ao responder à consulta fiscal, deve descrever a conduta que a Administração Tributária considera correta diante da situação de fato descrita na consulta, e deve indicar as razões pelas quais assim entende, vale dizer, as razões que motivam a resposta oferecida ao consulente. Aliás, a necessidade de indicar o agente administrativo as razões que motivam seu entendimento mostra-se ainda mais evidente porque a formulação de uma consulta fiscal pressupõe uma dúvida por parte do consulente, que a justifica. Entretanto, independentemente desse aspecto, a fundamentação é necessária, porque é assim em todos os atos administrativos.

É certo que a Constituição Federal não dispõe expressamente a respeito da necessidade de motivação dos atos administrativos em geral, não obstante ao tratar do Poder Judiciário exija expressamente a fundamentação de todas as decisões, sob pena de nulidade,[36] bem como das decisões administrativas dos tribunais.[37] A necessidade da fundamentação dos atos estatais em geral decorre da própria natureza do denominado Estado de Direito. Independe, portanto, de exigência em regra específica.

Sobre o tema, Juarez Freitas doutrina:

Indubitavelmente, devem os atos administrativos ser motivados, em analogia com o que sucede na prática dos atos jurisdicionais, excetuados, quiçá, os de mero expediente e os ordinatórios de feição interna, quando autocompreensivos na sua expedição, designadamente na hipótese dos vinculados, ainda que sempre conveniente alguma fundamentação. Em sintonia com a mais acertada orientação, sobreleva e se faz inescapável o dever de motivar tratando-se dos atos discricionários, já que os vinculados, em boa parte das vezes, poderão licitamente sobreviver sem o cumprimento estrito de tal regra que deflui da Lei Maior. Na perspectiva adotada, é exatamente

35. Idem, p. 20.
36. CF de 1988, art. 93, IX.
37. CF de 1988, art. 93, X.

na consecução daqueles atos administrativos, que mais aparentemente reservam liberdade ao administrador, onde maior deverá ser a cobrança da devida fundamentação. Mais: ainda que a lei (contra a qual, por certo, militam fortes indícios de inconstitucionalidade) dispensasse a motivação dos atos discricionários, esta seria uma obrigatoriedade descendente diretamente da Constituição, mais precisamente do núcleo fundante de seus princípios. De tal sorte, aplica-se ao administrador, agente do Poder Público, a regra constitucional expressamente atribuída ao juiz no exercício da tutela jurisdicional (e aos tribunais, inclusive, no âmbito de suas decisões administrativas) que impõe o dever de motivar, compulsoriamente e sob a pena de nulidade, os atos de discricionariedade vinculada, no intuito de verdadeiramente coibir o desvio de poder.

Tal proposição resulta irretorquível quando se aceita que, na prática de todo e qualquer ato administrativo, o que se verifica é a inexistência de liberdade irrestrita. A liberdade, negativa ou positivamente considerada, somente pode ser aquela que, por assim dizer, decorre da vontade do sistema, bem como de sua abertura ou ínsita indeterminação. Esta, assinale-se de passagem, não é de pequena monta, pois são múltiplas e sugestivas as possibilidades de aplicação do Direito, ainda que reduzidíssimas no mais completamente vinculado dos atos. Todas as possibilidades, em maior ou menor escala, contudo, devem guardar fundamentação na regularidade do sistema, para evitar dois fenômenos simétricos e igualmente nocivos: de uma parte, uma noção de vinculatividade dissociada da subordinação a outros princípios além do princípio da estrita legalidade e, de outra, uma noção de discricionariedade tendente a dar as costas à vinculação ao sistema, minando, pela arbitrariedade, a sua fundamentada abertura.[38]

Em síntese, repita-se, não apenas no Brasil, mas em todos os povos civilizados, vale dizer, onde houver Estado de Direito, os atos administrativos em geral devem ser fundamentados.

2.4.5 *Publicidade*

Outro princípio essencial para os atos administrativos em geral, com exceção apenas daqueles que, por natureza, devam ser mantidos em sigilo, é o princípio da publicidade.

Sobre o assunto, José Eduardo Soares de Melo escreve:

A eficácia dos atos administrativos implica obrigatoriamente o integral conhecimento por parte dos administrados, para que possam acompanhar

38. Juarez Freitas, *Estudos de Direito Administrativo*, 2ª ed., São Paulo, Malheiros Editores, 1997, pp. 140-141.

a execução dos interesses de toda a coletividade, evidenciando-se a plena transparência em absoluta consonância com o princípio da moralidade.

Salvo os casos de excepcional sigilosidade (art. 5º, XXXIII, da CF), a Administração Pública não pode fazer nenhum segredo do exercício da função pública, que deve ser objeto de veiculação na Imprensa Oficial, para permitir o conhecimento e, até mesmo, ser fiscalizada pelas partes do processo, uma vez que gerencia o patrimônio público.

Não se trata apenas de divulgação oficial dos atos administrativos, mas, ainda, de oferecimento de condições para propiciar o conhecimento da conduta dos seus agentes, atingindo também pareceres, julgamentos, manifestações da consultoria tributária etc.[39]

Hugo de Brito Machado Segundo, em seu livro sobre o processo tributário, manifesta-se também sobre o assunto, escrevendo:

Outro princípio da maior importância no disciplinamento da conduta daqueles que corporificam o Poder Público, especial mas não exclusivamente no âmbito das relações processuais, é o da *publicidade*. Trata-se, na verdade, de um desdobramento lógico dos princípios republicano e democrático. Como a Fazenda Pública não é dos governantes, mas do povo que eles em tese representam, é indispensável que o povo conheça o que em seu nome é feito com os bens e direitos que, em última análise, são também seus. Poderíamos acrescentar, ainda no rol dos fundamentos do princípio da publicidade, o princípio do Estado de Direito, na medida em que a publicidade é o principal instrumento através do qual as ilegalidades são levadas a publico e devidamente impugnadas e desfeitas.

Assim é que o princípio da publicidade transparece em inúmeros dispositivos da Constituição, tais como no seu art. 1º, II, que cuida da cidadania, e respectivo parágrafo único, que assevera emanar do povo o poder exercido pelos governantes, no inciso LX do art. 5º, pertinente à publicidade dos atos processuais, e ainda no *caput* do art. 37, que trata da publicidade como vetor da conduta da Administração Pública.

A publicidade, portanto, é de ser observada não apenas no processo judicial, por força da literalidade do inciso LX do art. 5º da CF, mas também nos procedimentos e nos processos administrativos, bem como em todos os demais atos do Poder Público.[40]

Tratando especificamente do procedimento de consulta fiscal, Kelly Magalhães Faleiro reporta-se ao princípio da publicidade, merecendo especial destaque o ponto em que, com inteira propriedade, afirma:

---

39. José Eduardo Soares de Melo, "Nulidades do processo administrativo tributário", cit., *Revista Fórum de Direito Tributário* 67/21.

40. Hugo de Brito Machado Segundo, *Processo Tributário*, cit., 9ª pp. 24-25.

No âmbito da consulta fiscal, a publicidade do ato de resposta para aquele que é seu destinatário é condição necessária de validade do ato. Só a partir da ciência do consulente de seu conteúdo o ato de resposta poderá ser considerado apto a produzir efeitos. Enquanto norma jurídica destinada ao consulente, o ato de resposta aperfeiçoa-se com a comunicação do conteúdo da resposta, que pode ocorrer via notificação ou publicação do ato na Imprensa Oficial.

Não se pode olvidar, no entanto, que o procedimento de consulta é um instrumento de realização dos princípios da isonomia e da segurança jurídica, voltado não só para a satisfação dos interesses do consulente, mas de toda a coletividade. O estabelecimento da publicidade do ato de resposta para toda a coletividade tem como condição necessária a maneira de realização de tais princípios. Poucas, entretanto, são as legislações que, ciosas da função coletiva do procedimento de consulta, estabelecem a publicidade genérica do ato.[41]

A publicação da resposta dada pela Administração Tributária ao contribuinte tem fundamental importância para os contribuintes em geral, posto que a conduta apontada nessa resposta como correta no cumprimento da lei tributária, que na formulação da consulta foi posta em dúvida pelo consulente, é obrigatória para todos.

2.5 Algumas conclusões

Com fundamento nas razões expostas nos itens precedentes, podemos afirmar, em síntese, as seguintes conclusões:

2.5.1 O conhecimento dos conceitos é da maior importância no estudo da Teoria Geral do Direito, pois a teoria é o conjunto sistematizado de conceitos que nos permite conhecer determinado domínio da realidade.

2.5.2 Como o Direito é um sistema hierarquizado de normas, o conceito utilizado em norma de hierarquia superior há de ser respeitado na elaboração e na interpretação das normas inferiores.

2.5.3 A regra que está no art. 110 do CTN, a dizer que a lei tributária não pode alterar a definição, o conteúdo e o alcance de institutos, conceitos e formas, de direito privado ou de qualquer outra área do Direito, utilizados pela Constituição tem natureza meramente declaratória. É assim mesmo sem essa regra, pois se fosse possível alterar conceitos

41. Kelly Magalhães Faleiro, *Procedimento de Consulta Fiscal*, cit., p. 22.

utilizados em norma de hierarquia superior estaria autorizada a destruição do sistema

2.5.4 O fundamento constitucional do direito à consulta do contribuinte ao Fisco é o direito à informação.

2.5.5 Bem examinados os conceitos de *processo* e de *procedimento*, podemos definir a consulta como um procedimento, porque não tem o objetivo de solucionar litígio.

2.5.6 É lamentável a preferência pelo casuísmo, em vez de prestigiar a utilização dos princípios no estudo das questões jurídicas, e disso decorre a enorme complexidade de nossa legislação, a causar inevitáveis dúvidas naqueles que estão a ela sujeitos.

2.5.7 Diversos são os princípios jurídicos envolvidos no procedimento de consulta, a saber, o da *legalidade*, o da *segurança jurídica*, o do *devido processo legal*, o da *necessidade de fundamentação* e o da *publicidade*.

3
OBJETO DA CONSULTA

3.1 Considerações iniciais. 3.2 A utilidade da consulta fiscal. 3.3 O objeto da consulta. 3.4 Decisão administrativa sobre alegação de inconstitucionalidade da lei. 3.5 Conclusões.

3.1 Considerações iniciais

Ao estudarmos o objeto da consulta fiscal, como acontece no estudo de qualquer tema jurídico, enfrentamos dúvidas que podem ser suscitadas em face da significação dos conceitos utilizados nas normas que regem o assunto. Temos nossa opinião no trato dessas questões, mas a respeito de toda e qualquer questão sempre existem divergências. Por isto mesmo é que repetimos aqui o que escrevemos na "Introdução" deste modesto livro, invocando lições de Radbruch e Hume a respeito das divergências que se mostram inevitáveis.

No sentido da inevitabilidade de divergências é a lição de Hume, a dizer:

> Não há nada que não seja objeto de discussão e sobre o qual os estudiosos não manifestem opiniões contrárias. A questão mais trivial não escapa à nossa controvérsia, e não somos capazes de produzir nenhuma certeza a respeito as mais importantes. Multiplicam-se as disputas, como se tudo fora incerto, e essas disputas são conduzidas da maneira mais acalorada, como se tudo fora incerto.[1]

Realmente, são inevitáveis as divergências, e aprendemos a respeitar as opiniões diversas das nossas. Assim, ao tratarmos do objeto

1. David Hume, *Tratado da Natureza Humana*, 2ª ed., trad. de Débora Danowski, São Paulo, UNESP, 2009, pp. 19-20.

da consulta fiscal, com certeza vamos suscitar divergências; mas, como isto é inevitável, receberemos com naturalidade as opiniões diversas das nossas e estaremos sempre dispostos a estudar os argumentos dos que as sustentem, em face dos quais até poderemos mudar a nossa opinião.

Seja como for, é importante sabermos em que consiste o objeto da consulta fiscal, ou consulta que o contribuinte pode fazer ao Fisco, e por isto mesmo dedicamos este capítulo a seu estudo.

Começaremos estudando a utilidade da consulta fiscal, explicando para quê ela serve e quais as limitações em sua utilização, vale dizer, explicando quais as dúvidas do contribuinte em matéria de legislação tributária que não podem ser solucionadas através de uma consulta fiscal. Depois vamos explicar qual é, especificamente, o objeto da consulta, e em seguida faremos as nossas conclusões sobre o assunto estudado neste capítulo.

3.2 A utilidade da consulta fiscal

A principal utilidade da consulta fiscal consiste na segurança desejada pelo contribuinte em suas relações de natureza tributária, vale dizer, em suas relações com as entidades às quais tem o dever de pagar tributo.

A utilidade da consulta fiscal, em face da complexidade da legislação tributária, faz-se maior porque na grande maioria dos nossos tributos o lançamento – vale dizer, a apuração do montante devido e a correspondente forma de pagamento – é atribuição do próprio contribuinte, no denominado lançamento por homologação. Sobre o tema, destacamos a manifestação de Rodrigo Augusto Verly de Oliveira, Auditor-Fiscal da Receita Federal do Brasil, que escreveu:

> A complexidade da legislação federal e a sistemática de lançamento por homologação demandam da Administração Pública uma constante atividade de orientação ao cidadão. Com o intuito de uniformizar a interpretação da norma tributária e estabelecer um tratamento isonômico entre contribuintes que se encontram na mesma situação, são elaborados atos normativos secundários, atos declaratórios interpretativos, pareceres e soluções de consulta fiscal.[2]

---

2. Rodrigo Augusto Verly de Oliveira, *O Princípio da Segurança Jurídica e a Modificação da Interpretação da Lei Tributária no Âmbito da Administração Pública Federal*, artigo colhido no Google, Internet, em 4.8.2017, primeiro parágrafo do item 1.

Como se vê, é um Auditor-Fiscal, que se presume conhecedor da legislação tributária com a qual trabalha, que afirma a complexidade dessa legislação e a consequente necessidade que tem o contribuinte de ser orientado a respeito de como deve proceder na relação tributária.

A utilidade da orientação ao sujeito passivo nas relações jurídicas tributárias, para que estes possam cumprir as suas obrigações, torna-se a cada dia maior, em face da complexidade crescente de nossa legislação tributária. Complexidade que faz extremamente difícil para o contribuinte saber como proceder em suas relações tributárias, vale dizer, como proceder para não ter problemas com o Fisco. Complexidade que leva até os servidores do próprio Fisco, que trabalham exclusivamente com essa legislação, a afirmar a insegurança que sentem no exercício de suas atividades.

Realmente, sobre este assunto já escrevemos:

> Um dos argumentos quase sempre desenvolvidos contra a responsabilidade pessoal do agente público consiste na insegurança jurídica resultante da imprecisão das normas da legislação tributária, e da frequente alteração destas. Em face da inegável insegurança jurídica que há de enfrentar todos os dias o agente fiscal de tributos, não seria justo responsabilizá-lo pelos erros eventualmente cometidos em sua atividade.
>
> Ocorre que a legislação tributária não é produzida pelo contribuinte, mas pelo Estado e em boa parte pela própria Administração Tributária, que inclusive produz, quase sempre, os anteprojetos de lei, e de emendas constitucionais, além de produzir uma imensa gama de norma complementares. É menos injusto, portanto, que a insegurança jurídica recaia sobre os seus agentes, do que sobre os contribuintes. Não é razoável, portanto, a sua invocação em favor daqueles, quando a estes não exime de responsabilidade.
>
> É verdade que na relação de tributação geralmente existe grande insegurança jurídica, mas a ela submete-se inteiramente o contribuinte, que está sujeito a pesadas sanções quando deixa de cumprir qualquer das normas que integram a legislação tributária. Não importa se a norma é obscura ou imprecisa, nem se a jurisprudência é divergente. A essa insegurança, portanto, tem de submeter-se também o agente fiscal.[3]

Por tudo isto, é inegável a importância da consulta fiscal, como um meio de que se pode valer o contribuinte para evitar o descumprimento da legislação tributária que lhe acarreta consequências onerosas. Entre-

3. Hugo de Brito Machado, *Responsabilidade Pessoal do Agente Público por Danos ao Contribuinte*, São Paulo, Malheiros Editores, 2017, pp. 84-85.

tanto, o objetivo da consulta fiscal, como demonstraremos em capítulo no qual trataremos especificamente desse assunto, pode não ser a segurança jurídica em suas relações com o Fisco. O objetivo da consulta fiscal em certos casos pode ser a obtenção de informação, vale dizer, o consulente pode conhecer a legislação tributária e pretender questionar o modo como essa legislação está sendo interpretada pelo Fisco. E, sendo assim, o objetivo da consulta fiscal será a obtenção dessa informação de forma documentada, para que possa questionar aquela interpretação com a qual não concorda.

Devemos destacar, ainda, que a consulta fiscal não é útil para o contribuinte quando a dúvida deste resida na conformidade, ou não, da lei tributária com a Constituição Federal.

Realmente, a consulta é inútil se a dúvida do contribuinte é questão de constitucionalidade, vale dizer, questão de saber se determinado dispositivo de lei afronta, ou não, um dispositivo da Constituição, pois a autoridade administrativa, mesmo que entenda haver na lei inconstitucionalidade, não tem competência para afirmar uma possível inconstitucionalidade.

Voltaremos a essa questão logo adiante, ao estudarmos a questão da decisão de órgãos da Administração Pública a respeito de inconstitucionalidade de lei alegada por contribuinte em processo administrativo.

3.3 O objeto da consulta

O objeto da consulta fiscal é sempre uma dúvida do contribuinte a respeito do exato significado de uma regra da legislação tributária. Dúvida que se coloca em face de um fato determinado, vale dizer, fato que já ocorreu, ou poderá ocorrer, na atividade do contribuinte consulente, consistente em saber o significado de uma regra jurídica a ele relacionada.

Para sermos mais precisos, diremos que a dúvida do contribuinte que formula a consulta diz respeito à questão de saber como a Administração, no exercício do poder de exigir tributo, entende o sentido e o alcance de uma regra jurídica. O contribuinte até pode ter a sua certeza, mas ao formular a consulta ele quer saber qual é o entendimento do Fisco, seja para se submeter a esse entendimento, seja para se antecipar no questionamento desse entendimento perante o Poder Judiciário.

Nesse contexto destaca-se a questão de saber se a dúvida do consulente pode consistir na conformidade da regra jurídica aplicável ao caso com a Constituição Federal. Em outras palavras, coloca-se a questão de saber se a autoridade administrativa pode, ao apreciar a consulta, apreciar uma possível inconstitucionalidade da lei.

O tema é polêmico, e a ele voltaremos adiante, tratando especificamente da questão de saber se é possível uma decisão administrativa sobre a alegação de inconstitucionalidade da lei. Em outras palavras: examinaremos a questão de saber se a Administração Pública tem competência para apreciar a alegação, feita pelo contribuinte no processo administrativo tributário, de que a lei aplicável ao caso não tem validade, por ser inconstitucional. No âmbito da consulta fiscal, a nosso ver, não cabe a questão da possível inconstitucionalidade da lei, e por isto mesmo já acima afirmamos ser inútil o procedimento de consulta ao Fisco, se a dúvida do contribuinte que formula a consulta reside na constitucionalidade ou inconstitucionalidade da lei.

A consulta fiscal, vale dizer, a consulta feita pelo contribuinte ao Fisco, tem a finalidade de resolver uma dúvida suscitada pelo consulente quanto ao que deve fazer diante de um fato determinado, vale dizer, dúvida sobre a questão de saber se diante de um fato determinado nasce, ou não, a obrigação tributária, e, se nasce, como deve ser calculado o valor do tributo devido, qual é o prazo para o correspondente pagamento, além de outros aspectos que podem ser relevantes no caso para o consulente.

Assim, é importante sabermos o que nesse contexto devemos entender por *fato determinado*.

Como a Constituição Federal, ao prever a criação de comissões parlamentares de inquérito, refere-se à apuração de "fato determinado",[4] fez-se muito grande o interesse pela definição dessa expressão. Interesse que existe também para os que estudam a consulta fiscal, ou consulta do contribuinte ao Fisco, porque o Decreto 70.235, de 6.3.1972, utiliza essa expressão no trato do assunto, estabelecendo:

> Art. 46. O sujeito passivo poderá formular consulta sobre dispositivos da legislação tributária aplicáveis a fato determinado.

Fato determinado não quer dizer fato já ocorrido. O ser determinado não é qualificativo de natureza temporal. Assim, o fato determinado pode já ter ocorrido ou ser apenas previsto, sem ter ainda ocorrido. E a dúvida que enseja a consulta deve residir na questão de saber como a autoridade

4. CF, art. 58, § 3º.

da Administração Tributária entende e aplica, ou pretende aplicar, a legislação a esse fato determinado. O contribuinte, ao formular a consulta, pode até ter um entendimento que lhe parece correto a respeito da aplicação da norma, mas ter dúvida a respeito do entendimento da autoridade. Sobre o tema, Valdir de Oliveira Rocha escreve:

> De outro lado, o destinatário da norma pode até mesmo não ter dúvida sobre como observar a norma, até porque tem convicção íntima a respeito, mas – e atente-se para a sutileza – poderá ter séria dúvida sobre como o Fisco a aplicaria. Nesta segunda hipótese, igualmente, tem direito à consulta fiscal, para obter decisão. Mormente diante de legislação nova, sabe-se que o próprio Fisco, por seus agentes, pode titubear sobre o alcance da norma, por exemplo. A consulta fiscal, em tais casos, provoca necessariamente decisão da Administração até então indecisa.[5]

Em síntese, portanto, podemos afirmar que o objeto da consulta fiscal consiste em dúvida que o contribuinte consulente pode ter a respeito de como o Fisco entende e aplica a legislação tributária a um fato determinado.

Vejamos, agora, se a dúvida do contribuinte consulente pode residir na questão da conformidade, ou não, da lei tributária com a Constituição Federal.

3.4 Decisão administrativa sobre alegação de inconstitucionalidade da lei

Na abordagem deste assunto cumpre-nos desde logo apontar a distinção, que é indiscutivelmente essencial neste estudo, entre deixar de aplicar uma lei já declarada inconstitucional em decisão definitiva do STF e decidir a respeito da alegação de inconstitucionalidade de uma lei que o Fisco pretende aplicar ou já aplicou a determinado fato na relação obrigacional tributária.

Realmente, existem duas questões absolutamente distintas, a saber: (a) em um procedimento administrativo fiscal o interessado alega a inconstitucionalidade de uma lei, para obter uma decisão que o favorece; (b) o interessado alega que a lei já foi declarada inconstitucional pelo STF.

Certamente, a Administração Tributária deve, sim, deixar de aplicar uma lei que tenha sido declarada inconstitucional pelo STF. Coisa bem

---

5. Valdir de Oliveira Rocha, *A Consulta Fiscal*, São Paulo, Dialética, 1996, p. 34.

diferente, porém, é a questão de saber se a Administração Tributária tem competência para decidir sobre a alegação de inconstitucionalidade de uma lei.

Embora tenhamos nosso entendimento firmado no sentido de que as autoridades administrativas, mesmo aquelas integrantes de órgão julgadores, não são competentes para decidir sobre alegação de inconstitucionalidade de leis tributárias, vamos aqui mencionar algumas manifestações em sentido contrário, para que o leitor possa firmar sua própria convicção a respeito dessa importante questão.

Realmente, alguns juristas respeitáveis manifestaram-se já pela competência das autoridades administrativas para decidirem a respeito da alegação de inconstitucionalidade. Edvaldo Brito, por exemplo, afirma a existência de princípios constitucionais que

> legitimam os órgãos julgadores administrativos para que conheçam dos argumentos de inconstitucionalidade e/ou ilegalidade de atos em que se fundamentem autuações.[6]

No mesmo sentido manifesta-se Alberto Xavier, no melhor dos estudos jurídicos que conhecemos sobre o assunto, no qual refuta os argumentos dos que afirmam não poder a autoridade administrativa apreciar alegação de inconstitucionalidade, e conclui assim:

> Pretender suprimir a apreciação da constitucionalidade das leis como fundamento ou questão prejudicial da declaração de nulidade de atos administrativos é, por evidente, transformar a defesa de "ampla" em "restrita".
>
> Por outro lado, a insistência em ignorar a função judicante da Administração Pública, no âmbito do processo administrativo (cuja distinção substancial em relação à atividade jurisdicional propriamente dita é que só esta tem o monopólio de formação de caso julgado), em nome de uma concepção purista e geométrica do princípio da separação de Poderes, esquece que nos Estados modernos as fronteiras entre as funções típicas do Estado, do arquétipo trifuncional, se vêm de há muito esbatendo, em benefício do Poder Executivo, a quem têm sido copiadas funções materialmente legislativas e jurisdicionais, funções jurisdicionais, essas, que já não podem ser vistas como um entorse, uma invasão, de competência do Poder Judiciário, mas como uma garantia adicional que o Estado moderno oferece ao cidadão nas suas relações com o Poder Executivo a quem tenham sido confiadas.

---

6. Edvaldo Brito, "Processo fiscal. Prova testemunhal", in Valdir de Oliveira Rocha (coord.), *Grandes Questões Atuais do Direito Tributário*, 14º vol., São Paulo, Dialética, 2010, p. 71.

É, afinal, esta visão ultrapassada que conduz a negar aos órgãos judicantes do Poder Executivo competência para rejeitar a aplicação de normas inconstitucionais e, consequentemente, a construir um modelo distorcido de processo administrativo, que considera válida a aplicação de normas inválidas e que reputa obrigatória a aplicação de normas inconstitucionais, o que é inadmissível.[7]

Entre os que se manifestam no sentido contrário – vale dizer, no sentido de que a autoridade da Administração Tributária não tem competência para decidir sobre a alegação de inconstitucionalidade – destacamos o eminente José Carlos Moreira Alves, que, na Conferência Inaugural proferida no XXIV Simpósio Nacional de Direito Tributário, coordenado pelo professor Ives Gandra da Silva Martins, o afirmou claramente. Depois de se reportar à competência do chefe do Poder Executivo para levantar a questão da constitucionalidade de uma lei perante o STF, Moreira Alves afirmou:

Por isso é que eu não posso compreender que qualquer funcionário subalterno possa declarar. E, pior ainda, em virtude também de um fato, que é o seguinte: se um funcionário ou o Conselho de Contribuintes, órgão de natureza administrativa, declarar que a lei é inconstitucional, essa questão não chegará ao STF. E não chegará por falta de haver quem provoque. Não haverá quem possa provocar a manifestação do Supremo. O contribuinte que ganhou na esfera administrativa com o reconhecimento da inconstitucionalidade da lei não vai ao STF para dizer que o funcionário ou o órgão administrativo está errado. Se se entender que não cabe ao próprio Estado ir ao Poder Judiciário pedir que seja desconstituída aquela decisão administrativa, isso não chegará ao STF. Um não tem interesse, e o outro estará impossibilitado, porque se considera que não há possibilidade de a Fazenda socorrer-se do Poder Judiciário para desconstituir seus próprios atos administrativos. E com isso o STF, o guardião da Constituição, vai por água abaixo. Em matéria fiscal, basta que prevaleça a opinião de que é inconstitucional uma lei e ela tornou-se inconstitucional, pelo menos para aquele Conselho...

Tudo isso está a indicar que não tem sentido admitir-se que qualquer funcionário possa deixar de aplicar a lei por entendê-la inconstitucional, até porque o que nós temos é um contencioso administrativo. E administrativo mesmo. Nós não temos contencioso administrativo com poder jurisdicional.[8]

---

7. Alberto Xavier, "A questão da apreciação da inconstitucionalidade das leis pelos órgãos judicantes da Administração Fazendária", *Revista Dialética de Direito Tributário* 103/44, São Paulo, Dialética, abril/2004.

8. José Carlos Moreira Alves, "Conferência Inaugural – XXIV Simpósio Nacional de Direito Tributário", in Ives Gandra da Silva Martins (coord.), *Direitos*

Estamos de pleno acordo com a tese de Moreira Alves, segundo a qual as autoridades administrativas, mesmo aquelas integrantes de órgão julgadores, não são competentes para decidir sobre alegação de inconstitucionalidade de leis tributárias. E assim temos nos manifestado.

Registre-se que, também neste sentido, Kelly Magalhães Faleiro, embora entenda que os órgãos administrativos investidos de função jurisdicional podem examinar alegação de inconstitucionalidade da legislação tributária, sustenta que a matéria relacionada à constitucionalidade não pode ser objeto de consulta fiscal. Em suas palavras:

> Somos inteiramente acordes com a possibilidade de os órgãos administrativos, investidos na função jurisdicional, examinarem a constitucionalidade e legalidade da legislação tributária, para fazer valer a Lei Maior, pois, antes de deverem obediência à legislação ordinária ou infralegal, devem prioritariamente servir à Constituição Federal. Mas nos parece ser essa uma prerrogativa exclusiva dos órgãos administrativos jurisdicionais, ou seja, daqueles encarregados de tornar efetiva a regra jurídica que, segundo o Direito vigente, deve disciplinar determinada situação. Segundo Eliézer Rosa, "o fim da jurisdição é fazer que os preceitos da lei sejam perfeitamente observados, ou, se não o forem, fazer que seja reparada a inobservância".[9]
>
> Entretanto, não é essa a função desenvolvida pela Administração no procedimento de consulta fiscal. No procedimento de consulta, a Administração está no exercício de função regulamentar de expedir regra para viabilizar a aplicação da legislação tributária. Não cabe à Administração, no desempenho de tal função, negar aplicação à lei que fundamenta a sua própria atividade. Até sob o ponto de vista lógico isso soaria incongruente. Se a Administração está adstrita a dizer sobre o modo de aplicação de determinada regra, é porque antes de tudo essa regra deve ser aplicada; se assim não fosse nem sequer caberia a formulação de consulta. Daí que a matéria relacionada à constitucionalidade ou legalidade de norma tributária não pode ser objeto de consulta fiscal.
>
> Também por outra razão temos por incabível a apreciação da constitucionalidade ou legalidade de norma tributária no âmbito do procedimento de consulta fiscal. Com efeito, um dos pressupostos indispensáveis à formulação de consulta fiscal é a dúvida sobre a aplicação de determinada regra tributária. No entanto, aquele que se insurge contra a constitucionalidade ou legalidade de uma regra tributária inelutavelmente sabe como ela será aplicada. A discordância com o seu modo de aplicação pressupõe o seu conhecimento. É por sabê-lo e não concordar com ele que o sujeito se

Fundamentais do Contribuinte, São Paulo, Centro de Extensão Universitária/Ed. RT, 2000, pp. 35-36.

9. Constando em rodapé, de Eliézer Rosa: *Dicionário de Processo Civil*, p. 264.

insurge. Entretanto, quem está autorizado a formular consulta fiscal é quem tem dúvida, isto é, quem não tem certeza de como ela será aplicada. Apenas deste se presume boa-fé para apresentar consulta fiscal.[10]

Não temos dúvida, pois, de que no procedimento de consulta fiscal não cabe o questionamento a respeito de possível inconstitucionalidade da lei tributária.

3.5 Conclusões

Em face das considerações aqui expendidas podemos formular, em síntese, as seguintes conclusões:

3.5.1 Embora possa haver dúvida a respeito da questão de saber qual é o objetivo da consulta, o objeto desta é sempre uma dúvida que pode existir a respeito da interpretação e da aplicação da legislação tributária.

3.5.2 O objeto da consulta é a questão de saber como o Fisco entende e aplica a legislação tributária.

3.5.3 No âmbito da consulta fiscal a legislação tributária não abrange dispositivos da Constituição, vale dizer, a consulta fiscal não pode versar sobre a questão da constitucionalidade da lei.

---

10. Kelly Magalhães Faleiro, *Procedimento de Consulta Fiscal*, São Paulo, Noeses, 2005, pp. 60-61.

4
QUEM PODE FORMULAR CONSULTA

4.1 Considerações iniciais

Ao estudarmos a questão de saber quem pode formular consulta fiscal coloca-se mais uma vez a questão terminológica, bem como a de serem inevitáveis divergências a respeito das teses jurídicas. Inclusive no que concerne à terminologia utilizada no trato do assunto pela doutrina.

Assim, por serem inevitáveis as divergências, e como cada um de nós quer ter a sua opinião, é da maior importância o respeito que devemos ter pelas opiniões diversas das nossas.

Ao tratarmos da questão de saber quem pode formular consulta ao Fisco com certeza vamos suscitar divergências, e receberemos com naturalidade as opiniões diversas das nossas, permanecendo sempre dispostos a estudar os argumentos dos que as sustentem, em face dos quais até poderemos mudar a nossa opinião.

Seja como for, é importante sabermos quem pode formular consulta ao Fisco, pois com certeza a legislação não concede a todos essa possibilidade.

Começaremos examinando a questão de saber quem pode formular a consulta ao Fisco. Depois estudaremos especificamente o sujeito passivo da obrigação tributária como consulente. Em seguida vamos estudar a faculdade, atribuída aos órgãos da Administração Pública, para formular consulta, tentando esclarecer a razão de ser dessa faculdade. Adiante estudaremos a faculdade atribuída às entidades representativas de categorias econômicas ou profissionais para consultar o Fisco, e finalmente faremos referência a normas infralegais sobre o assunto.

4.2 O contribuinte e outros possíveis consulentes

Ao tratar do procedimento de consulta, a legislação específica coloca como possível consulente o sujeito passivo da obrigação tributária. Entretanto, admite também seja a consulta formulada por órgãos da Administração Pública e pelas entidades representativas de categorias econômicas ou profissionais.

Realmente, o Decreto 70.235, de 6.3.1972, estabelece que "o sujeito passivo poderá formular consulta sobre dispositivos da legislação tributária aplicáveis a fato determinado".[1] E estabelece, ainda, que:

> Os órgãos da Administração Pública e as entidades representativas de categorias econômicas ou profissionais também poderão formular consulta.[2]

Como se vê, não apenas o contribuinte pode formular consulta, mas o sujeito passivo da obrigação tributária, que pode ser principal e acessória; e quando se fala em sujeito passivo da obrigação tributária faz-se referência não apenas ao contribuinte, mas também a outras pessoas, como adiante será explicado. Além disto, podem também formular consulta ao Fisco, por força do que estabelece o parágrafo único do art. 46 do Decreto 70.235, de 6.3.1972, acima transcrito, "os órgãos da Administração Pública e as entidades representativas de categorias econômicas ou profissionais".

4.3 O sujeito passivo como consulente

A obrigação tributária principal tem sempre conteúdo pecuniário. Por isto mesmo, sujeito passivo da obrigação tributária principal é a pessoa obrigada ao pagamento do tributo ou da penalidade pecuniária, que pode ser o contribuinte ou o responsável.[3] Já, a obrigação tributária acessória não tem conteúdo pecuniário e seu sujeito passivo é a pessoa obrigada às prestações que constituam o seu objeto.

---

1. Decreto 70.235, de 6.3.1972, art. 46.
2. Decreto 70.235/1972, art. 46, parágrafo único.
3. CTN, art. 121 e seu parágrafo único.

Podemos, portanto, afirmar que podem formular consulta ao Fisco o contribuinte, o responsável tributário e a pessoa obrigada às prestações que constituem objeto de obrigações acessórias, pois todos estes se incluem no conceito de sujeito passivo da obrigação tributária.

Entretanto, confirmando nossa afirmação de que é impossível evitar divergências, Valdir de Oliveira Rocha questiona a regra que está no art. 46 do Decreto 70.235, de 6.3.1972, escrevendo:

> Com frequência incomum são vistas alusões no sentido de que pode formular consulta fiscal, como seu titular, o sujeito passivo. Assim, por exemplo, o fazem Antônio José Franco de Campos,[4] Antônio da Silva Cabral[5] e Ricardo Lobo Torres.[6] Em outros casos, há referência à titularidade da consulta fiscal como do sujeito passivo tributário.[7] Aliás, também o art. 46 do Decreto 70.235/1972, que regula o processo administrativo de consulta da União, dispõe que; "O *sujeito passivo* poderá formular consulta sobre dispositivos da legislação tributária aplicáveis a fato determinado" (destaquei), o que possivelmente contribui para que autores repitam a expressão.

E adiante, depois de citar a doutrina de Luciano da Silva Amaro,[8] Valdir de Oliveira Rocha escreve:

> A circunstância de, na generalidade dos casos (o que é simples dado estatístico), a consulta ser formulada pelo sujeito passivo de exação fiscal é mera casualidade. Deve-se preferir denominação mais precisa, ainda que o *nomen iuris* se constitua em simples rótulo.
>
> Efetivamente, mesmo quando se tem o sujeito passivo da obrigação exacional como titular de consulta fiscal, não se pode esquecer que, *in casu*, ocupa a posição de seu sujeito ativo. Não se trata de jogo de palavras, mas de preocupação em se conferir precisão no uso de significante adequado ao significado, com que se defronta.

---

4. Constando em rodapé, de Antônio José Franco de Campos: "Processo administrativo tributário", in *Estudos Tributários em Homenagem à Memória de Rubens Gomes de Sousa*, direção de Ruy Barbosa Nogueira, São Paulo, Resenha Tributária, 1974, p. 103.

5. Constando em rodapé, de Antônio da Silva Cabral: *Processo Administrativo Fiscal*, São Paulo, Saraiva, 1993, p. 491.

6. Constando em rodapé, de Ricardo Lobo Torres: *Curso de Direito Financeiro e Tributário*, Rio de Janeiro, Renovar, 1993, p. 281.

7. Constando em rodapé: Cf. Bernardo Ribeiro de Moraes, *Compêndio de Direito Tributário*, Rio de Janeiro, Forense, 1987, p. 878.

8. A doutrina de Luciano da Silva Amaro está em seu artigo "Do processo de consulta", no livro *Novo Processo Tributário*, coord. de Péricles Luiz M. Prade e Célio B. de Carvalho, São Paulo, Resenha Tributária, 1975, p. 89.

Por isso, desde as páginas anteriores deste estudo venho utilizando a palavra "consulente" para designar o sujeito do direito, titular da consulta fiscal.[9]

A nosso ver, a crítica de Valdir de Oliveira Rocha é, *data maxima venia*, infundada. A expressão "sujeito passivo da obrigação tributária" é adequada para designar o titular do direito de formular consulta fiscal. A palavra "consulente", por ele preferida, na verdade indica aquele que formula a consulta, que pode ser o titular, ou não, do direito à consulta fiscal, tanto que muitas vezes a autoridade aponta a ilegitimidade do consulente. Por isto preferimos indicar como titular do direito de formular consulta ao Fisco o sujeito passivo da obrigação tributária.

Kelly Magalhães Faleiro, por seu turno, com inteira propriedade, esclarece:

> O sujeito passivo, dentro dessa perspectiva, será aquele apontado pela norma como o obrigado a cumprir o dever tributário. Inserem-se nesse conceito o substituto tributário, o responsável e o sucessor. Todos eles são obrigados a cumprir o comando normativo, ainda que não tenham realizado o fato ensejador da relação jurídica tributária.
>
> Tem legitimidade, portanto, para propor consulta fiscal o sujeito passivo, assim entendido aquele que integra a relação jurídica tributária na condição de obrigado a cumprir o dever previsto na norma objeto da consulta.[10]

Esclarecemos, finalmente, que, sendo o contribuinte que formula a consulta uma pessoa jurídica de direito privado, com mais de um estabelecimento, temos norma infralegal estabelecendo que a consulta deve ser feita pelo estabelecimento matriz. Essa norma estava no parágrafo único do art. 2º da Instrução Normativa 230, de 24.10.2002, e foi reproduzida pela Instrução Normativa RFB-1.396, de 16.9.2013, que estabelece a legitimidade para ser consulente, nestes termos:

> Art. 2º. A consulta poderá ser formulada por: I – sujeito passivo da obrigação tributária principal ou acessória; II – órgão da Administração Pública; ou III – entidade representativa de categoria econômica ou profissional.
>
> § 1º. No caso de pessoa jurídica, a consulta será formulada pelo estabelecimento matriz.

---

9. Valdir de Oliveira Rocha, *A Consulta Fiscal*, São Paulo, Dialética, 1996, pp. 41-42.

10. Kelly Magalhães Faleiro, *Procedimento de Consulta Fiscal*, São Paulo, Noeses, 2005, p. 65.

§ 2º. Não será admitida apresentação de consulta formulada por mais de um sujeito passivo em um único processo, ainda que sejam partes interessadas no mesmo fato, envolvendo a mesma matéria, fundada em idêntica norma jurídica.

§ 3º. Considera-se representante do órgão da Administração Pública a pessoa física responsável pelo ente perante o Cadastro Nacional de Pessoa Jurídica (CNPJ) e a investida de poderes de representação do respectivo órgão.

4.4 Órgão da Administração Pública como consulente

A atribuição, feita pelo Decreto 70.235, de 6.3.1972, aos órgãos da Administração Pública de legitimidade para formular consulta ao Fisco tem suscitado críticas da doutrina. Assim é que Wagner Balera escreve:

> É curioso que o Decreto 70.235/1972 tenha cogitado, ademais, de consultas que poderiam vir a ser formuladas por órgãos da própria Administração Pública.
>
> É que, ao interno desses organismos, existem os serviços jurídicos, cuja tarefa consiste, precisamente, em dar solução aos problemas legais que o mesmo enfrente.[11]

Valdir de Oliveira Rocha, por seu turno, depois de transcrever o trecho acima, formula a sua própria crítica, nestes termos:

> Ora, a Administração Pública nunca será parte diante da própria Administração. Se o funcionário indaga nunca o faz como interessado jurídico, "em defesa de direitos". Portanto, a "consulta" feita por órgãos da Administração nunca será consulta fiscal em seu sentido próprio com que a venho tratando neste estudo. Por isso, dela não mais me ocuparei. Observo, no entanto, que é admissível a consulta fiscal de Município dirigida à Administração Estadual ou Federal, por exemplo, pois aí já não se estará diante da própria Administração.[12]

A nosso ver, essas críticas são infundadas. É razoável, sim, a regra do art. 46, parágrafo único, do Decreto 70.235/1972, que faculta aos órgãos da Administração Pública a formulação de consulta ao Fisco.

Realmente, explica-se a atribuição aos órgãos da Administração Pública da legitimidade para formular consulta fiscal porque os órgãos

11. Wagner Balera, "Consulta em matéria tributária", *RDTributário* 45/221, São Paulo, Ed. RT, julho-setembro/1988.

12. Valdir de Oliveira Rocha, *A Consulta Fiscal*, cit., p. 47.

competentes para responder a tais consultas são especializados no assunto. Assim, como a legislação tributária é complexa, entende-se que esses órgãos estão mais habilitados a solucionar eventuais dúvidas na sua interpretação.

Pode ocorrer também que mesmo um agente fiscal de tributos queira ter certeza de qual é o entendimento adotado pelas autoridades superiores da Fazenda Pública para seguir esse entendimento no exercício de suas atividades, evitando, assim, que um contribuinte por ele fiscalizado, ao se sentir prejudicado com algum ato seu, promova contra ele ação cobrando indenização. Tendo apoio na resposta à consulta que antes formulou, poderá escusar-se da responsabilidade por danos que eventualmente cause ao contribuinte.

Por serem os órgãos que respondem às consultas ao Fisco especializados nos assuntos dos quais se ocupam tais consultas, justifica-se perfeitamente o direito de formular consulta fiscal atribuído aos órgãos públicos.

A nosso ver, justifica-se perfeitamente a atribuição aos órgãos da Administração Pública do direito de formular consulta ao Fisco, pois é muito importante que todos os órgãos do Estado eliminem suas dúvidas sobre as relações tributárias, até porque muitas vezes essas relações tributárias nascem de relações entre órgãos do Estado e empresas, e em tais situações os órgãos do Estado devem saber se as empresas estão, ou não, cumprindo regularmente suas obrigações para com o Fisco.

4.5 Entidade de classe como consulente

No parágrafo único do art. 46 do Decreto 70.235, de 6.3.1972, está dito que "as entidades representativas de categorias econômicas ou profissionais também poderão formular consulta". Como se vê, a lei atribui também às entidades de classe direito de formular consulta ao Fisco. E nem poderia deixar de fazê-lo, porque a própria Constituição Federal de 1988 estabelece que as entidades associativas, quando expressamente autorizadas, têm legitimidade para representar seus filiados, judicial ou extrajudicialmente.[13] E da mesma forma a Constituição reconhece essa legitimidade aos sindicatos, estabelecendo que "ao sindicato cabe a defesa

13. CF de 1988, art. 5º, XXI.

dos direitos e interesses coletivos ou individuais da categoria, inclusive em questões judiciais ou administrativas".[14]

Com fundamento nesses dispositivos da Constituição Federal, Kelly Magalhães Faleiro escreve:

> Como representantes dos interesses dos filiados, as entidades associativas e os sindicatos têm legitimidade para formular consulta fiscal. Como uma prerrogativa constitucional, não é dado ao legislador ordinário restringir tal legitimidade, configurando-se toda sorte de limitações ao direito de representação violação à Constituição.
>
> As associações ou os sindicatos não precisam ter a expressa autorização de seus associados e sindicalizados para apresentarem consulta fiscal. A autorização genérica contida em seus respectivos estatutos é suficiente para legitimá-los a tanto.
>
> Com amparo na doutrina processual civil, é lícito dizer que tais entidades atuam como autênticas substitutas processuais na defesa dos interesses de seus integrantes.[15] Por isso mesmo, a resposta à consulta formulada por entidade associativa ou sindicato aproveita a tosos os filiados que estejam submetidos ao comando da regra consultada e que, portanto, tenham interesse jurídico nela.
>
> Eventual situação impeditiva da formulação de consulta fiscal por um dos filiados não se comunica à entidade, que poderá oferecer consulta em nome coletivo. Os efeitos de tal consulta, entretanto, só serão extensivos àqueles filiados que no tempo de sua propositura estejam, por si, em condições de apresentá-la: um filiado, por exemplo, que esteja sofrendo um procedimento de fiscalização não poderá aproveitar-se dos efeitos atribuídos à consulta fiscal.
>
> As entidades representativas, justamente por representarem uma coletividade, não poderão oferecer consulta sobre fato determinado afeito apenas a um dos seus filiados, sob pena de ter por desvirtuada sua legitimidade.[16]

Na verdade, é difícil existir uma regra da legislação tributária que seja aplicável a apenas um dos filiados de uma entidade de classe ou

14. CF de 1988, art. 8º, III.

15. Constando em rodapé do texto da autora: José Frederico Marques identifica a ocorrência de substituição processual "quando alguém, em nome próprio, pleiteia direito alheio". Segundo o autor, na substituição processual verifica-se o caso de legitimação extraordinária, haja vista não coincidir o sujeito da relação substancial com o da relação processual (*Manual de Direito Processual Civil*, p. 424). No mesmo sentido é o entendimento de Moacyr Amaral Santos (*Primeiras Linhas de Direito Processual Civil*, p. 353).

16. Kelly Magalhães Faleiro, *Procedimento de Consulta Fiscal*, cit., pp. 67-68.

sindicato. E, se houver, certamente não será pertinente à atividade que justifica a filiação ou a sindicalização do interessado.

A respeito do direito de formular consulta atribuído às entidades representativas de categorias econômicas ou profissionais merece atenção uma distinção quanto ao momento em que a formulação da consulta produz efeitos. Assim é que Humberto Bruno Timm, depois de se referir ao direito de formular consulta atribuído aos órgãos da Administração Pública, assevera:

> Igual direito têm as entidades representativas de categorias econômicas ou profissionais. Com a ressalva, porém, de que, neste caso, os efeitos a que alude o art. 48 só alcançam seus associados ou filiados depois de cientificada a entidade consulente.
>
> Com efeito, segundo a art. 48, nenhum procedimento fiscal será instaurado contra o sujeito passivo, relativamente à espécie consultada, a partir do trigésimo dia subsequente à data da ciência da decisão de primeira instância, da qual não haja sido interposto recurso, e de decisão de segunda instância, salvo o disposto no art. 49.[17]

Como se vê, a formulação da consulta fiscal somente produz efeito relativamente aos sujeitos passivos na qualidade de associados ou filiados de entidade representativa de categoria econômica ou profissional consulente depois de ser esta cientificada da resposta.

4.6 Legislação infralegal

Existe um grande número de atos normativos infralegais tratando do instituto da consulta fiscal, entre os quais podemos citar as mais recentes instruções normativas, cujas ementas indicam que tratam do processo de consulta fiscal, a saber:

– Instrução Normativa RFB-740, de 2.5.2007, cuja ementa diz que a mesma "dispõe sobre o processo de consulta relativo à interpretação da legislação tributária e aduaneira e à classificação de mercadorias no âmbito da Secretaria da Receita Federal do Brasil".

– Instrução Normativa RFB-1.396, de 16.9.2013, cuja ementa diz que a mesma "dispõe sobre o processo de consulta relativo à interpretação da legislação tributária e aduaneira e à classificação de serviços,

---

17. Humberto Bruno Timm, *O Processo Administrativo Fiscal Interpretado*, São Paulo, Resenha Tributária, 1972, p. 132.

intangíveis e outras operações que produzam variações no patrimônio, no âmbito da Secretaria da Receita Federal do Brasil".

– Instrução Normativa RFB-1.464, de 8.5.2014, cuja ementa diz que a mesma "dispõe sobre o processo de consulta sobre classificação fiscal de mercadorias, no âmbito da Secretaria da Receita Federal do Brasil".

– Instrução Normativa RFB-1.705, de 13.4.2017, cuja ementa diz que "altera a Instrução Normativa RFB n. 1.464, de 8 de maio de 2014, que dispõe sobre o processo de consulta sobre classificação fiscal de mercadorias, no âmbito da Secretaria da Receita Federal do Brasil".

Esse grande número de instruções normativas bem demonstra a complexidade da legislação tributária. E o que é pior é que em algumas situações podemos encontrar nesses atos normativos infralegais regra que pode ser considerada em conflito com regra situada em ato normativo de hierarquia superior.

Nota de atualização: A Instrução Normativa RFB nº 2.058, de 09 de dezembro de 2021, cuja ementa diz que a mesma: Regulamenta o processo de consulta sobre interpretação da legislação tributária e aduaneira e sobre classificação de serviços, intangíveis e outras operações que produzam variações no patrimônio no âmbito da Secretaria Especial da Receita Federal do Brasil.

5
FORMA DA CONSULTA E DA RESPOSTA

5.1 Introdução. 5.2 Forma da consulta. 5.3 Forma da resposta. 5.4 Consulta verbal nos plantões fiscais. 5.5 Conclusões.

5.1 Introdução

Temos afirmado repetidas vezes que os conceitos são da maior importância nos estudos de Direito, e que a falta de atenção para os conceitos na teoria jurídica é a causa de muitas divergências que poderiam não existir.

Realmente, temos verificado que muitas vezes uma divergência entre estudiosos do Direito resulta simplesmente do uso inadequado de certo conceito, pois, a rigor, uma vez corrigida essa inadequação, desaparece a divergência.

Por tal razão procuramos evitar dúvidas quanto aos conceitos que utilizamos, para com isto afastar questionamentos inúteis. Assim, ao estudarmos a forma da consulta, começaremos explicando o que é forma, e porque a consulta deve ter forma escrita. Depois estudaremos a forma da resposta, que por razão mais forte ainda, e no interesse do consulente, deve ser sempre a forma escrita. Depois vamos explicar o que são a consulta verbal e a resposta, também verbal, que ocorrem nos denominados plantões fiscais, e finalmente formularemos algumas conclusões.

5.2 Forma da consulta

A forma, como ensina Valdir de Oliveira Rocha, "diz o modo como algo se apresenta. Em se tratando de consulta fiscal, a forma se refere ao modo como a dúvida do interessado se põe diante da Administração".[1]

1. Valdir de Oliveira Rocha, *A Consulta Fiscal*, São Paulo, Dialética, 1996, p. 49.

Realmente, forma é como a coisa aparece para ser percebida por nós. Para existir no mundo como sendo aquilo que o nome indica. Assim, a consulta fiscal, para existir como tal no mundo jurídico, deve ter a forma legalmente exigida. Se não tiver, pode até existir como fato, mas não existirá como aquele fato ao qual o Direito atribui os efeitos que lhe são próprios.

Tratando da consulta fiscal em seu Capítulo II, o Decreto 70.235, de 6.3.1972, estabelece:

> Art. 47. A consulta deverá ser apresentada por escrito, no domicílio tributário do consulente, ao órgão local da entidade incumbida de administrar o tributo sobre que versa.

Assim, como a exigência da forma escrita está em lei, não é razoável que seja colocada em dúvida. Em outras palavras: no Direito Brasileiro não se pode afirmar a existência de uma consulta fiscal se está não tiver a forma legalmente exigida, vale dizer, se esta não tiver sido formulada por escrito.

Tratando da forma da consulta fiscal, Kelly Magalhães Faleiro escreve:

> Em todas as esferas, a legislação que regula o procedimento de consulta fiscal é unânime em exigir a formulação de consulta fiscal por escrito, revestida, portanto, de um suporte linguístico. Somente consulta escrita produz efeitos jurídicos. Trata-se de formalidade essencial à validade do ato, sem o quê não há como reputá-lo juridicamente existente.
>
> As questões formuladas oralmente em "plantões fiscais" não são "consultas fiscais" no sentido atribuído pela legislação; não produzem, dessa forma, efeito jurídico algum. De igual maneira as respostas concedidas verbalmente em tais plantões pelos agentes administrativos. A forma escrita é a única a conferir certeza e segurança aos atos jurídicos. Não por outra razão é ela requisito indispensável para a formulação de consulta fiscal.
>
> Os demais requisitos formais estabelecidos pela lei suportam uma margem de flexibilização. Não se pode perder de vista que um dos princípios regentes do procedimento administrativo é o formalismo moderado, que se traduz, segundo Odete Medauar, "na exigência de interpretação flexível e razoável quanto a formas, para evitar que estas sejam vistas como um fim em si mesmas, desligadas das verdadeiras finalidades do processo (procedimento)".[2] O não atendimento a determinado requisito formal é

2. Constando em rodapé, de Odete Medauar: *Direito Administrativo Moderno de Acordo com a EC 19/1998*, p. 195.

vício, em regra, sanável, que não pode ser considerado irrestritamente como causa de inadmissibilidade da consulta. Ao consulente deve ser dada a oportunidade de atender à formalidade, convalidando o ato, em observância à própria finalidade da atuação administrativa.[3]

Valdir de Oliveira Rocha, por seu turno, assevera que o que considera mais importante no âmbito da forma é saber se à consulta fiscal e à resposta se impõem a forma escrita. E, depois de transcrever lição de Wagner Balera, escreve:

> Sabe-se que o art. 47 do Decreto federal 70.235/1972 e o art. 1º do Decreto-lei 2.227/1985 impõem que a consulta seja apresentada por escrito. Mas o que me ocupa aqui é saber se essa exigência poderia ter sito posta validamente. Adianto que sim: essa exigência pode ser posta em lei (e, no caso, volta a se recordar, o decreto em comentário tem conteúdo de lei material).[4]

E, depois de se reportar a leis do Rio de Janeiro e de Minas Gerais, escreve:

> Para Francisco de Souza Mattos, a consulta, por "questão de ordem administrativa e de segurança do contribuinte, deve ser escrita". [5] Não me parece que, por esse raciocínio, o mencionado autor teria necessariamente razão, posto que o interessado (e não só o contribuinte) poderia ter admitida, por exemplo, a apresentação de consulta de viva voz, a ser anotada por escrito por funcionário, que a reduzira a termo, colhendo a assinatura do consulente, que declararia estar de acordo com a formulação.
>
> O que se dá é que muitas vezes se confunde a consulta fiscal com a resposta à consulta fiscal. Portanto, a consulta fiscal, em tese, poderia ser apresentada de viva voz, anotada por escrito por funcionário, mas a resposta necessariamente seria dada por escrito. Não me ocupo de saber se o procedimento de formular consulta de viva voz é conveniente ao interessado, porque isto ultrapassa ao âmbito jurídico, de que me propus cuidar.
>
> A menção à consulta de viva voz leva interesse porque, na órbita federal, o interessado tem a possibilidade de se dirigir aos chamados "plantões fiscais", onde, oralmente, expõe suas dúvidas e recebe orientação também oral como resposta. Observando desavisadamente essa orientação, que não é vinculante da Administração, o interessado pode ser surpreendido com

---

3. Kelly Magalhães Faleiro, *Procedimento de Consulta Fiscal*, São Paulo, Noeses, 2005, pp. 71-72.

4. Valdir de Oliveira Rocha, *A Consulta Fiscal*, cit., pp. 49-50.

5. Constando em rodapé, de Francisco de Souza Mattos: "A consulta fiscal", *RT* 205/35.

> autuação, por não ter procedido como efetivamente se lhe impunha e não como lhe orientado. Isso gera descrédito à Administração. Portanto, a rigor, é preciso distinguir muitíssimo bem o que se coloca nesses "plantões fiscais", (a) se mero pedido de informação ou (b) se dúvida jurídica, situação de fato, a exigir certeza sobre como proceder. No segundo caso tem inteiro cabimento apenas e tão somente a consulta fiscal, pelo quê o interessado há de ser orientado a se utilizar devidamente do instituto.
>
> Acrescente-se, com Celso Antônio Bandeira de Mello, que: "Normalmente, a formalização do ato administrativo é escrita, por razões de segurança e certeza jurídicas".[6]
>
> Vou além: em matéria de consulta fiscal, o teor da resposta há que ter forma escrita, para atender ao princípio da publicidade.

Como se vê, Valdir de Oliveira Rocha entende que normalmente o ato administrativo deve ter forma escrita, até para atender ao princípio da publicidade. E, realmente, não somente a consulta fiscal, mas os atos administrativos em geral devem ser públicos, vale dizer, devem submeter-se ao princípio da publicidade.

Hugo de Brito Machado Segundo entende que a exigência de forma escrita justifica-se pela necessidade de segurança jurídica. Em suas palavras:

> A exigência de petição escrita justifica-se, especialmente em face da segurança que gera para o próprio consulente, que tem uma comprovação de que fez a consulta, e de todos os seus termos. Consultas verbais, que ensejam respostas também verbais, seriam de comprovação muito mais difícil, se não impossível, dificultando a produção dos efeitos aos quais esse processo se destina. O caráter escrito da resposta à consulta é indispensável a que sejam prestigiados os princípios da publicidade (com a divulgação da resposta) e da liberdade de concorrência, na medida em que todas as pessoas em iguais condições às do consulente terão como conhecer a interpretação que a Administração adotou na consulta então formulada, e pugnar por igual ou análogo tratamento.[7]

E dúvida realmente não pode haver quanto à conveniência de se garantir ao sujeito passivo na relação tributária a segurança jurídica, porque se trata de um valor essencial no Direito. Assim, na medida em que

---

6. Constando em rodapé, de Celso Antônio Bandeira de Mello: *Curso de Direito Administrativo*, 5ª ed., São Paulo, Malheiros Editores, p. 189.

7. Hugo de Brito Machado Segundo, *Processo Tributário*, 9ª ed., São Paulo, Atlas, 2017, p. 214.

a relação de tributação deixa de ser uma relação simplesmente de poder, para ser uma relação jurídica, é importante a preservação da segurança, especialmente para a parte mais fraca nessa relação, que é o seu sujeito passivo.

5.3 Forma da resposta

Para a resposta que a autoridade competente oferece à consulta fiscal impõe-se também a forma escrita, pelas mesmas razões que justiçam a forma escrita para a formulação da consulta. Aliás, a forma escrita da resposta talvez seja ainda mais importante, pois é com a resposta que o consulente pode ter a demonstração de que está, ou de que não está, procedendo nos exatos termos do entendimento adotado pela entidade tributante.

A forma escrita da resposta à consulta fiscal é da maior importância, também, para que o consulente possa comprovar no futuro que o seu procedimento está de acordo com o entendimento da Administração Tributária, pois esse entendimento está expresso na resposta a ele oferecida. E também para que o consulente possa promover ação judicial questionando o entendimento adotado pelo Fisco com o qual não esteja de acordo.

Realmente, o sujeito passivo da obrigação tributária pode ter entendimento diverso daquele adotado pela Administração Tributária, e pretender submeter a divergência à apreciação judicial. É que o sujeito passivo da obrigação tributária pode entender que a interpretação da lei tributária adotada na resposta à consulta por ele formulada implica lesão a direito seu, e a Constituição Federal assegura que "a lei não excluirá da apreciação do Poder Judiciário lesão ou ameaça a direito".[8]

Por isto mesmo, a Administração Tributária é obrigada a fornecer resposta escrita às consultas que lhe sejam formuladas pelos sujeitos passivos de obrigações tributárias – o que, evidentemente, não quer dizer que não possam ser feitas consultas verbais. Podem, sim, mas estas não configuram consulta fiscal, nem produzem os efeitos desta, como a seguir vamos explicar.

5.4 Consulta verbal nos plantões fiscais

Já que a consulta fiscal deve ter sempre a forma escrita, resta saber, então, para quê serve a consulta verbal que pode ser feita e respondida nos denominados plantões fiscais.

8. CF de 1988, art. 5º, XXXV.

Realmente, as repartições da Administração Tributária, tanto a Federal como as Estaduais e Municipais, em geral mantêm o atendimento a contribuintes que procuram esclarecimentos sobre como proceder em obediência à legislação tributária. São os denominados plantões fiscais, destinados a esclarecer dúvidas dos contribuintes em geral.

Ocorre que as consultas feitas nos plantões fiscais geralmente envolvem questões muito simples, que decorrem de ser o consulente leigo em Direito, e podem ser respondidas facilmente pelo agente fiscal consultado, e até mesmo por telefone. Assim é que Walter Godoy, Auditor Fiscal da Receita Federal aposentado, ao escrever sobre o plantão fiscal, esclarece:

> Essas fontes de informação por telefone são, evidentemente, para pequenas dúvidas, do tipo onde pagar; quando se vence o débito; qual é o valor do abatimento por dependente e semelhantes, quando a resposta não demande muito tempo nem necessite de pesquisa mais demorada.[9]

Por outro lado, exatamente por envolverem questões muito simples, o consulente não sente necessidade de resposta escrita e fundamentada, até porque não considera necessário buscar proteção contra possível erro na observância da legislação tributária. E quando eventualmente a consulta feita no plantão fiscal envolva questão complexa, ou quando por qualquer motivo o consulente precise de proteção contra eventual divergência na interpretação da lei aplicável, o agente fiscal que atender ao contribuinte deve sugerir a este a formulação de consulta fiscal escrita.

A razão de ser dos plantões fiscais consiste exatamente no fato de que muitas vezes o sujeito passivo de obrigações tributárias tem a necessidade de um esclarecimento rápido que lhe ajude a superar dúvida que tenha sobre como proceder diante de determinada situação, e não precise de comprovação de que agiu nos termos da orientação recebida.

5.5 Conclusões

Com fundamento em tudo o que foi aqui exposto, podemos firmar as seguintes conclusões:

5.5.1 A consulta fiscal deve ter sempre a forma escrita.

---

9. Walter Godoy, *Os Direitos dos Contribuintes*, 2ª ed., Porto Alegre, Síntese, 2003, p. 197.

5.5.2 Consulta verbal somente se admite para os casos mais simples, quando o consulente não necessite de maiores esclarecimentos nem de comprovação de que fez a consulta.

5.5.3 Os denominados plantões fiscais existem para o esclarecimento de pequenas dúvidas dos contribuintes, quando estes não precisem comprovar a orientação recebida do Fisco.

6
OBJETIVO DA CONSULTA

6.1 Introdução. 6.2 A certeza do Direito como objetivo da consulta. 6.3 A obtenção de informação como objetivo da consulta. 6.4 Conclusões.

6.1 Introdução

Neste capítulo vamos estudar o objetivo da consulta fiscal.

Pode parecer que se trata de assunto pacífico, no qual não existem controvérsias doutrinárias, mas na verdade não é assim. Conforme já escrevemos no Capítulo 3, ao estudarmos o objeto da consulta fiscal, quando estudamos qualquer assunto as divergências são inevitáveis, como asseverou David Hume, que a esse respeito escreveu o que vamos aqui repetir, a saber:

> Não há nada que não seja objeto de discussão e sobre o qual os estudiosos não manifestem opiniões contrárias. A questão mais trivial não escapa à nossa controvérsia, e não somos capazes de produzir nenhuma certeza a respeito das mais importantes. Multiplicam-se as disputas, como se tudo fora incerto, e essas disputas são conduzidas da maneira mais acalorada, como se tudo fora certo. (...).[1]

Seja como for, e talvez até mesmo pelo fato de existirem divergências sobre o assunto, é importante estudarmos o objetivo da consulta fiscal, para que o leitor possa avaliar os pontos de vista diferentes e adotar o que lhe parecer melhor.

Examinaremos em primeiro lugar a tese segundo a qual o objetivo da consulta fiscal consiste na obtenção, pelo sujeito passivo da obrigação

---

1. David Hume, *Tratado da Natureza Humana*, 2ª ed., trad. de Débora Danowski, São Paulo, UNESP, 2009, pp. 19-20.

tributária, da certeza do Direito, vale dizer, a certeza quanto à interpretação correta da legislação tributária aplicável ao caso concreto por ele indicado. Depois examinaremos a tese segundo a qual o objetivo da consulta é a obtenção de informação a respeito de como o Fisco interpreta e aplica ao caso por ele indicado a legislação tributária. E, finalmente, firmaremos as nossas conclusões.

6.2 A certeza do Direito como objetivo da consulta

Muitos afirmam que o objetivo da consulta fiscal é a obtenção da certeza jurídica, vale dizer, o objetivo da consulta seria eliminar dúvida do sujeito passivo da obrigação tributária quanto à interpretação da legislação aplicável a um fato determinado. Dúvida que pode não ser propriamente quanto à interpretação da lei tributária, mas quanto à interpretação que será adotada pela Administração Tributária, e de sua aplicação em face de um determinado fato.

Assim é que em nosso *Curso de Direito Tributário* escrevemos:

> O processo de consulta tem por fim ensejar ao contribuinte oportunidade para eliminar dúvidas que tenha na interpretação da lei tributária. Em face de dúvida, formula consulta ao Fisco.[2]

Esse entendimento é correto para os casos nos quais o sujeito passivo da obrigação tributária aceita sem questionamento a resposta oferecida pela Administração Tributária, vale dizer, considera que a dúvida por ele apontada está corretamente esclarecida na resposta que o Fisco lhe ofereça. Entretanto, sabemos que ao formular a consulta fiscal o consulente nem sempre está disposto a aceitar a resposta. Pode até mesmo formular a consulta com o propósito de obter documento a respeito do entendimento do Fisco, do qual discorda e por isto mesmo pretende questionar judicialmente.

Assim, podemos dizer que a consulta fiscal tem mais de um objetivo. Um deles é superar a complexidade da legislação tributária, conhecendo a interpretação que deve adotar para não ter problemas com o Fisco. Outro é o de obter a comprovação do entendimento do Fisco, para poder ingressar em juízo questionando esse entendimento, que entende não ser correto.

---

2. Hugo de Brito Machado, *Curso de Direito Tributário*, 38ª ed., São Paulo, Malheiros Editores, 2017, p. 467.

Por isto não nos parece adequado afirmar que o objetivo da consulta fiscal é a obtenção da certeza do Direito, simplesmente, embora esse objetivo esteja presente nas consultas feitas com o propósito de adotar o entendimento afirmado na resposta, seja qual for esse entendimento, que o consulente está disposto a aceitar como correto.

Realmente, não podemos desconhecer a existência de casos nos quais o sujeito passivo da obrigação tributária não aceita o entendimento adotado na resposta que o Fisco lhe oferece, e ingressa em juízo para questionar esse entendimento.

Por tais razões é que Célio Armando Janczeski afirma que "a resposta ofertada à consulta contém uma *interpretação autorizada* que garante segurança jurídica ao consulente".[3] Entretanto, afirma também que "a consulta, nas palavras de Leon Frejda Szklarowsky,[4] é um *verdadeiro catalizador da opinião do Fisco* com relação à controvérsia, com força vinculante, para a Administração, se favorável ao contribuinte. Tem força de lei, até que outro ato a modifique ou revogue. Entretanto, não é vinculativa para o contribuinte, porque poderá este dirigir-se ao Judiciário".[5]

Como se vê, encontramos no mesmo autor a ideia de que o objetivo da consulta fiscal é a segurança jurídica mas também a indicação de que a consulta pode apenas oferecer ao contribuinte a informação de qual é a interpretação adotada pelo Fisco, e questionar essa interpretação no Judiciário.

Seja como for, realmente não podemos desconhecer que o contribuinte, mesmo acreditando que é correta a interpretação da lei tributária que vem adotando, pode formular consulta. Não para obter certeza quanto ao significado da regra jurídica, mas para obter a prova do entendimento adotado pela Administração Tributária, que pretende questionar judicialmente.

6.3 A obtenção de informação como objetivo da consulta

A rigor, portanto, melhor é dizermos que o objetivo da consulta é a obtenção de informação. Ou, em outras palavras, melhor é colocarmos

---

3. Célio Armando Janczeski, *Direito Processual Tributário*, Florianópolis, OAB/SC Editora, 2005, p. 105.

4. Constando em rodapé, de Leon Frejda Szklarowsky, "Instrumentos de defesa do contribuinte", *Cadernos de Direito Tributário e de Finanças Públicas* 7/126, Ano 02, São Paulo, Ed, RT, abril-junho/1994.

5. Célio Armando Janczeski, *Direito Processual Tributário*, cit., p. 104.

a informação como objetivo da consulta fiscal, até porque essa obtenção de informação permite ao sujeito passivo da obrigação tributária desenvolver suas atividades com a segurança de que, assim agindo, não será importunado pelo Fisco.

Nos termos do art. 5º, XXXIII, da CF, "todos têm direito a receber dos órgãos públicos informações de seu interesse particular, ou de interesse coletivo ou geral, que serão prestadas no prazo da lei, sob pena de responsabilidade, ressalvadas aquelas cujo sigilo seja imprescindível à segurança da sociedade e do Estado".

Com bons argumentos, Kelly Magalhães Faleiro aponta como fundamento constitucional do direito à consulta o direito à informação, assegurado pelo art. 5º, XXXIII, da vigente CF. Sobre o assunto, invocando a doutrina de outros juristas, escreve:

> O fundamento constitucional da consulta fiscal tem sua sede no art. 5º, XXXIII, que estabelece: "todos têm direito a receber dos órgãos públicos informações de seu interesse particular, ou de interesse coletivo ou geral, que serão prestadas no prazo da lei, sob pena de responsabilidade, ressalvadas aquelas cujo sigilo seja imprescindível à segurança da sociedade e do Estado".
>
> Como apontam Celso Ribeiro Bastos e Ives Gandra Martins, o direito à informação estampado no referido dispositivo advém dos ideários liberais "de fazer do Estado um ser transparente, banindo-se as práticas secretas". Consubstancia, assim, uma terceira modalidade de direito de informação, ao lado das outras duas clássicas: as liberdades de expressão (de pensamento) e de imprensa. Precisamente, trata-se de um direito de exigir informações. Tem ele um sentido amplo, comportando todo o conhecimento de fatos, acontecimentos, ideias e opiniões afeitos ao respectivo órgão público e de interesse particular ou coletivo. Na expressão de Carlos Roberto Siqueira Castro, constitui, "juntamente com o direito à vida, a mais fundamental das prerrogativas humanas, na medida em que o saber determina o entendimento e as opções da consciência, o que distingue os seres inteligentes de todas as demais espécies que exercitam o dom da vida".[6]
>
> O direito à informação, previsto no art. 5º, XXXIII, do texto constitucional, encarta, de forma genérica, o direito de assistência e colaboração entre Administração e obrigados tributários. No contexto moderno de privatização da gestão tributária são necessárias novas técnicas de assistência e informação, cuja aplicação se converte em uma autêntica obrigação da

---

6. Com citação de Carlos Roberto Siqueira Castro: *A Constituição Aberta e os Direitos Fundamentais (Ensaio sobre o Constitucionalismo Pós-Moderno e Comunitário)*, p. 437.

> Administração para com os administrados. Zornoza Pérez se refere a esse tipo de técnica como "uma exigência jurídica frente à Administração, derivada dos princípios básicos do Estado de Direito".[7] Para esse autor, a Administração tem a obrigação de aclarar aquelas questões duvidosas que surjam na interpretação da lei. O fundamento dos deveres de assistência e informação encontra sua origem na ideia de que em um Estado de Direito ninguém pode ver-se privado de seus direitos por ignorá-los.
>
> Assim, o art. 5º, XXXIII, da CF obriga o Poder Público a promover as condições que tornem efetivas e reais a liberdade e a igualdade do indivíduo e dos grupos em que se integre, removendo os obstáculos que impeçam ou dificultem sua plenitude e facilitando a participação de todos os cidadãos na vida pública, econômica, cultural e social. Mediante a atividade de resolução das consultas tributárias, que se desenvolve sob o manto do direito à informação, a Administração contribui para o fomento da liberdade e igualdade de todos os administrados. Com efeito, não será possível referir-se a um cidadão livre quando este não conhece a forma de dar cumprimento às obrigações que derivam de sua própria integração no grupo social de que faz parte. Obrigações, estas – registramos –, cada vez mais numerosas e complexas, demandando instrução por parte da Administração.
>
> A consulta fiscal, ao mesmo tempo em que se configura instrumento de realização do direito à informação, identifica-se como meio de fortalecimento da segurança jurídica que deve proporcionar o Sistema Tributário. Insere-se, portanto, nesse direito amplo de assistência e informação contido no art. 5º, XXXIII, da CF, que possuem os administrados em face da Administração, especificamente no âmbito tributário, como contrapartida à sobrecarga de obrigações e deveres que sofrem, sobretudo no atual contexto de autogestão tributária.[8]

Seja como for, realmente não podemos desconhecer que o contribuinte, mesmo acreditando que é correta a interpretação da lei tributária que vem adotando, pode formular consulta. Não com o objetivo de obter certeza quanto ao significada da regra jurídica, mas obter a prova do entendimento adotado pela Administração Tributária, que pretende questionar judicialmente, porque considera inadmissível.

Aliás, que o objetivo da consulta pode ser a obtenção de informação resta claro e indiscutível quando se verifica que não apenas o sujeito passivo da obrigação tributária tem o direito de formular consulta, pois

7. Com citação de Juan Zornoza Pérez: "Interpretación administrativa y consulta tributaria", *Revista Española de Derecho Financiero* 47-48/472-482.

8. Kelly Magalhães Faleiro, *Procedimento de Consulta Fiscal*, São Paulo, Noeses, 2005, pp. 1-3.

esse direito é também legalmente atribuído aos órgãos da Administração Pública e às entidades representativas de categorias econômicas e profissionais. É claro que, se o objetivo da consulta fiscal fosse dar a certeza quanto à interpretação da lei, o direito à consulta poderia ser atribuído apenas aos sujeitos passivos de obrigações tributárias.

Na verdade, ao estudarmos o objetivo da consulta fiscal, o que devemos fazer é distinguir (a) o objetivo direto da consulta fiscal e (b) o objetivo da informação que o consulente pretende obter quando formula a consulta.

O objetivo direto, imediato, de quem formula a consulta fiscal é, indiscutivelmente, sempre e em qualquer caso, obter a informação a respeito da questão de saber como a Administração Tributária interpreta e aplica a legislação a um fato determinado. Coisa diversa é o objetivo para o qual o consulente pretende obter a questionada informação.

Essa explicação nos permite compreender por que o direito de formular consulta é atribuído não apenas aos sujeitos passivos de obrigações tributárias, mas também aos órgãos da Administração Pública e às entidades representativas de categorias econômicas ou profissionais. Os sujeitos passivos de obrigações tributárias podem pretender a resposta à consulta fiscal simplesmente para adotar, em suas atividades, o entendimento constante da resposta oferecida pela autoridade competente. Os órgãos da Administração Pública, todavia, podem pretender a resposta para saber o que devem exigir de pessoas com as quais tenham algum tipo de relação, como a compra de mercadorias, por exemplo, ou para outros fins, mas nunca para adotarem o comportamento indicado na resposta, porque não são contribuintes. E as entidades representativas de categorias econômicas ou profissionais com certeza pretendem conhecer o entendimento da Administração Tributária para informar esse entendimento a seus associados.

6.4 Conclusões

Com fundamento no que acima foi exposto, podemos firmar as seguintes conclusões:

6.4.1 O objetivo da consulta fiscal é obter informação a respeito de como a Administração Tributária interpreta e aplica a lei tributária a um fato determinado.

6.4.2 Mesmo nos casos em que o consulente seja o sujeito passivo de obrigação tributária, que tenha dúvidas sobre a interpretação da lei tributária e pretenda obter segurança e certeza de como deve agir para não ter problemas com o Fisco, é correto dizer que o objetivo da consulta fiscal é obter informação.

7
EFEITOS DA CONSULTA E DA RESPOSTA

7.1 Introdução

Vamos estudar aqui a parte que certamente tem a maior importância no estudo da consulta fiscal, vale dizer, vamos estudar quais são os efeitos que decorrem da formulação da consulta e da resposta a ela oferecida pela entidade tributante.

Tal como ocorre no trato de qualquer questão jurídica, as divergências são inevitáveis, e não temos, de modo nenhum, a pretensão de que o nosso ponto de vista seja o correto; e, seja como for, temos o maior respeito pelas opiniões diferentes da nossa.

Começaremos examinando os efeitos que decorrem da formulação da consulta, que são muito importantes para aquele que a formula. Depois examinaremos os efeitos decorrentes da resposta que a entidade tributante oferece ao consulente, e finalmente formularemos algumas conclusões.

7.2 Efeitos da consulta

O Decreto 70.235, de 6.3.1972, atribui ao sujeito passivo da obrigação tributária assim como aos órgãos da Administração Pública e às entidades representativas de categorias profissionais ou econômicas o direito de formular consulta ao Fisco, e estabelece que "nenhum procedimento fiscal será instaurado contra o sujeito passivo relativamente à espécie consultada, a partir da apresentação da consulta até o trigésimo dia subsequente à data da ciência" da resposta.

Como se vê, os efeitos da formulação de uma consulta fiscal são da maior importância para o sujeito passivo da obrigação tributária, especialmente nos casos em que tenha sido feita com o objetivo de conhecer o entendimento adotado pelo Fisco em face de um fato determinado e seguir tal entendimento, para evitar problemas.

Nesse contexto, o importante efeito da consulta fiscal é garantir ao sujeito passivo da obrigação tributária a segurança jurídica que deseja para o desenvolvimento de suas atividades. Assim, independentemente de qual seja o entendimento do Fisco sobre a questão objeto da consulta, desde a formulação desta o sujeito passivo da obrigação tributária que a formulou está amparado.

Neste sentido é a doutrina de Wagner Balera, que, em artigo sobre a consulta em matéria tributária, escreve:

> O Decreto 70.235/1972, em seu art. 48, impõe um primeiro efeito, assaz importante, à petição de consulta.
>
> Proíbe o referido dispositivo que seja instaurado qualquer procedimento administrativo fiscal contra o consulente relativamente aos fatos objeto da consulta, desde o momento em que o pedido é apresentado ao órgão competente e até que o interessado tenha sido cientificado a respeito da decisão proferida na consulta.
>
> Estranhável, porém, é a disposição contida no art. 51 do diploma processual. Exclui do mencionado efeito os associados ou filiados das entidades representativas de categorias econômicas ou profissionais, que somente serão contempladas pelo resultado da consulta após a ciência da decisão pelo consulente.[1]

Diversamente do que afirma Balera no trecho acima transcrito, não nos parece estranhável a disposição contida no art. 51 do Decreto

1. Wagner Balera, "Consulta em matéria tributária", *RDTributário* 45/226-227, São Paulo, Ed. RT, julho-setembro/1988.

70.235/1972, segundo a qual, no caso de consulta formulada por entidade representativa de categoria econômica ou profissional, o efeito da formulação da consulta só se opera a partir ciência da decisão pelo consulente. É que, sendo a consulta formulada por entidade representativa de categoria econômica ou profissional, pode ocorrer que muitos sujeitos passivos da obrigação tributária a respeito da qual foi formulada a consulta, nem ao menos saibam que esta foi formulada, e pode ocorrer também que nem tomem conhecimento da resposta. Assim, é razoável que a consulta somente produza efeitos para eles depois de respondida. Tais efeitos, portanto, a rigor, não decorrem propriamente da formulação da consulta, mas de sua resposta pelo Fisco.

Ao abordar os efeitos da consulta fiscal, Valdir de Oliveira Rocha escreve:

> Primeiro efeito da consulta fiscal eficaz, reveladora, portanto, da boa-fé do consulente, é colocá-lo a salvo de penalidades. A consulta fiscal não é modalidade de denúncia espontânea, em primeiro lugar porque não há infração, e em segundo lugar porque requer que o consulente esteja em condição de demonstrar dúvida. Exatamente para não cometer eventual infração, o consulente se antecipa a qualquer atitude da Administração. O caráter preventivo da consulta fiscal deve servir a pôr o consulente em estado de certeza jurídica, conferidora de segurança. Seria gritante contradição o consulente ter à sua disposição o direito de petição, como o é a consulta fiscal, "em defesa de direitos", e ser alvo de autuações. Admitir autuação do consulente que espera decisão seria ignorar o princípio da moralidade administrativa.[2]

Em seguida Valdir de Oliveira Rocha reproduz doutrina de Paulo de Barros Carvalho e de Geraldo Ataliba,[3] transcrevendo trechos desses dois eminentes tributaristas.

O trecho de Paulo de Barros Carvalho transcrito por Valdir de Oliveira Rocha afirma que:

> (...) o aspecto principal do instituto da consulta está na amplitude de seus efeitos, posto que, enquanto não chega a manifestação da Fazenda, ficará a salvo o contribuinte de autuações relativas à matéria que foi objeto da consulta. Para tanto, haverá o mister de revestir a formulação do consulente

---

2. Valdir de Oliveira Rocha, *A Consulta Fiscal*, São Paulo, Dialética, 1996, pp. 87-88.

3. Idem, pp. 88-89.

todos os requisitos estipulados pela legislação do IPI, no que concerne à validade da consulta.

Já, o trecho de Geraldo Ataliba transcrito por Valdir de Oliveira Rocha reporta-se ao art. 48 do Decreto 70.235/1972, segundo o qual "nenhum procedimento fiscal será instaurado contra o sujeito passivo relativamente à espécie consultada", e afirma que:

> (...) o consulente fica imune a sanções ou punições pelo fato de formular, regularmente, consulta à Administração. Esta norma proíbe, nesta hipótese, a aplicação de sanções. E o faz "até o trigésimo dia subsequente à data da ciência da resposta dada à consulta, pelo órgão fazendário (art. 48), exatamente para garantir ao administrado a possibilidade de se comportar na conformidade da orientação apontada pela resposta que vier a ser dada".
>
> Se assim não dispusesse o regulamento, a consulta não teria sentido. Os administrados ficariam inibidos e o instituto seria inteiramente inócuo.
>
> Por isso, é nulo (*nullum est, quod nullum effectum producit*) qualquer procedimento "relativo à espécie consultada" (art. 48). Não tem eficácia. É como se não existisse.

Como se vê, esses doutrinadores apontam como efeito da consulta fiscal a proibição de aplicação de sanções ao consulente, no que concerne ao cumprimento da lei tributária, no que diz respeito aos fatos que ensejaram a dúvida objeto da consulta. Proibição que subsiste por 30 dias, a partir da ciência da resposta oferecida pela Administração, prazo que o legislador considerou necessário para o contribuinte se adaptar ao entendimento exigido pelo Fisco.

É claro que a consulta, para produzir efeitos – vale dizer, para ser eficaz –, deve ser formulada nos termos estabelecidos pela legislação, sem o quê será ineficaz, como veremos no capítulo seguinte.

Ao abordar os efeitos jurídicos da apresentação da consulta fiscal, Kelly Magalhães Faleiro escreve:

> A apresentação da consulta em si produz efeitos que são indispensáveis à própria caracterização do instituto. Eles conferem feição própria a tal procedimento, diferenciando-o dos demais. O seu aniquilamento ou amesquinhamento pode desvirtuar o instituto da consulta, tornando-o, por conseguinte, inócuo. Não olvidamos, contudo, que a atribuição dos efeitos da consulta decorre de lei. Efeito não conferido à consulta pela lei não pode ser reivindicado pelo consulente.

> É importante ressaltar que a consulta, para produzir efeitos, deve ser formulada em observância aos seus pressupostos e requisitos legais. Consulta formulada em desconformidade com estes é ineficaz, inapta a produzir qualquer resultado jurídico. Examinaremos, a seguir, os efeitos que a legislação costuma atribuir à formulação de consulta fiscal, ressaltando em que eles são fundamentais para a eficácia de tal instituto.[4]

E em seguida aponta nada menos do que seis importantes efeitos da formulação da consulta fiscal, a saber: (a) óbice à instauração de procedimento fiscal contra o consulente; (b) suspensão do curso do prazo para pagamento do tributo (prorrogação do vencimento do crédito tributário); (c) suspensão da exigibilidade do crédito tributário; (d) óbice à realização de lançamento tributário; (e) impedimento da fluência de juros de mora; (f) impedimento/suspensão da imposição de penalidades – denúncia espontânea.[5]

Examinemos, então, de forma sumária, cada um desses seis efeitos da formulação de consulta ao Fisco.

7.2.1 Óbice à instauração de procedimento fiscal contra o consulente

O principal efeito da formulação de uma consulta fiscal, nos termos do art. 48 do Decreto 70.235, de 6.3.1972, consiste em impedir a instauração de procedimento administrativo contra o consulente, desde a apresentação da consulta ao órgão competente da Administração Tributária até o trigésimo dia seguinte ao da resposta.

Reportando-se a esse importante efeito da formulação da consulta fiscal, Kelly Magalhães Faleiro invoca doutrina de Ayres F. Barreto, que coloca a lealdade como um dos princípios norteadores do procedimento administrativo.[6]

Realmente, segundo Aires Fernandino Barreto, no texto citado por Kelly Magalhães Faleiro, dentre os princípios norteadores do procedimento administrativo destaca-se o da lealdade das partes. Assim é que no texto em referência, reportando-se à lealdade das partes, Aires Barreto escreve:

---

4. Kelly Magalhães Faleiro, *Procedimento de Consulta Fiscal*, São Paulo, Noeses, 2005, p. 75.

5. Idem, pp. 76-87.

6. Idem, p. 76.

> São unânimes os processualistas em colocá-lo como uma das vigas mestras de todo o sistema processual. Impõe (o princípio da lealdade) a observação de regras éticas, mediante atuação sem ardis ou astúcias, empregando, enfim, "jogo limpo".
>
> "Leal" é o que procede com probidade, conforme à moral e à justiça. Ser leal, em outras palavras, é agir sem emprego de embustes; é atuar francamente, sem desonestidades ou hipocrisias. Por isso, também se lhe atribui a acepção de "sinceridade", incluindo o não omitir. É inconcebível possa uma das partes agir deslealmente, com isso soterrando a essência do próprio objetivo perseguido: a busca da verdade material. Inviável atingir a verdade material se uma ou ambas as partes não observarem esse elemento fundamental.[7]

Em seguida Aires Barreto reporta-se à Administração como parte no processo administrativo fiscal, e conclui que, se afastando esta do princípio da lealdade das partes, "nula é sua obra, eis que nega, assim, as mais fundamentais e elementares exigências impostas pela ordem jurídica vigente".[8]

Não temos dúvida de que o princípio da lealdade impede que a Administração instaure procedimento fiscal contra o contribuinte que formula uma consulta fiscal antes de dar a este a oportunidade para se adaptar, se for o caso, a seu entendimento quanto à matéria objeto da consulta. A nosso ver, porém, nem é necessário invocarmos esse princípio para explicar a regra do Decreto 70.235/1972 que veda a instauração de procedimento fiscal contra o consulente em face da formulação da consulta, pois é evidente que, se a dúvida apontada pelo sujeito passivo da obrigação tributária ao formular a consulta pudesse ensejar a instauração de procedimento fiscal contra ele, ninguém formularia consulta ao Fisco.

Assim, se a Administração Tributária viola essa proibição e lavra um auto de infração contra o consulente relativamente à matéria consultada, esse auto de infração é nulo de pleno direito.

7.2.2 Suspensão do curso do prazo para pagamento do tributo

Estando em curso o prazo para pagamento de determinado tributo, a formulação da consulta fiscal a respeito desse tributo, vale dizer, versando

7. Aires F. Barreto, "Procedimento administrativo tributário", *RDTributário* 75/187-188, São Paulo, Malheiros Editores.

8. Idem, p. 188.

a respeito da questão de saber se esse tributo é devido, ou como o seu valor deve ser determinado, suspende o curso desse prazo.

Trata-se de tributo cujo pagamento ainda não é exigível, exatamente porque ainda não se esgotou o prazo para que o seu pagamento seja feito normalmente pelo contribuinte. Esse efeito da formulação da consulta é necessário, pois se não ocorresse a suspensão do prazo em referência não seria permitido ao contribuinte fazer o pagamento, antes do vencimento, do valor considerado correto pela Administração. Com a suspensão do curso do prazo o contribuinte pode esperar a resposta e fazer o pagamento em conformidade com esta, sem perder o prazo normal para o pagamento.

Com a suspensão do curso do prazo para o pagamento do tributo o contribuinte pode esperar a resposta sem incorrer em mora, com o quê não será devedor dos juros, como adiante será explicado.

Ressalte-se, todavia, que a formulação da consulta fiscal não suspende o prazo para o recolhimento de tributo autolançado antes ou depois de sua apresentação, nem o prazo para apresentação de declaração de rendimentos. É o que expressamente estabelece o Decreto 70.235, de 6.3.1972, que estabelece:

> Art. 49. A consulta não suspende o prazo para recolhimento de tributo, retido na fonte ou autolançado antes ou depois de sua apresentação, nem o prazo para apresentação de declaração de rendimentos.

Comentando esse dispositivo legal, Marcos Vinicius Neder e Maria Teresa Martínez López doutrinam:[9]

> Pela redação do artigo, não pairam dúvidas de que se a fonte pagadora de rendimentos reteve o Imposto de Renda na fonte, terá que proceder ao seu pagamento no prazo fixado na lei, ainda que tenha apresentado consulta, sob pena de incorrer nas cominações fiscais e, se for o caso, penais, por apropriação indébita.
>
> Extrai-se, também, da análise do artigo, que, se o contribuinte proceder ao destaque em documento fiscal de imposto lançado por homologação, como é o exemplo do IPI,[10] não estará protegido dos efeitos da consulta,

9. Marcos Vinicius Neder e Maria Teresa Martínez López, *Processo Administrativo Fiscal Federal Comentado*, 3ª ed., São Paulo, Dialética, 2010, p. 534.

10. O art. 186 do Regulamento do IPI/1998 (Decreto 2.637, de 25.6.1998) estatui que "o imposto destacado na nota fiscal ou escriturado, mesmo no curso do processo de consulta, deverá ser recolhido no respectivo prazo" (o Regulamento do IPI atualmente é o Decreto 4.544/2002).

devendo submeter-se aos encargos moratórios devidos pelo atraso no pagamento, em caso de solução desfavorável ao consulente. Sob este ângulo, Valdir Rocha[11] cita duas decisões do STF: na primeira, o STF decidiu como indevido o estorno do IPI, efetuado pelo consulente em benefício próprio, cobrado dos adquirentes de produtos constantes de notas fiscais, admitindo a exigibilidade imediata do imposto pelo Fisco, mesmo na pendência de consulta (acórdão da 1ª Turma no AI 70.557-AgR-SP, publicado na *RTJ* 89/829-831); na segunda, o STF entendeu, no mesmo sentido, que "a regra do art. 249 do Decreto n. 61.514/1967, segundo a qual a apresentação de consulta sobre a incidência do IPI suspende o pagamento, não se aplica, conforme dispõe o § 2º do mesmo artigo, no caso de ter sido o imposto lançado na nota fiscal, antes ou depois de formulada a consulta, devendo, então, o contribuinte recolher o tributo no prazo previsto, sob pena de multa por falta de recolhimento. É que, sendo o tributo cobrado do comprador da mercadoria, lançado na nota fiscal, dele se torna o produtor mero depositário (acórdão da 2ª Turma no RE 75.234-SP, publicado na *RTJ* 107/178-181).[12]

A norma do art. 49 do Decreto 70.235/1972 suscita a questão de saber o que devemos entender por "tributo autolançado". É que, se entendermos como tributo autolançado todos os tributos cujos valores são calculados pelos próprios contribuintes e por estes recolhidos antes de qualquer manifestação do Fisco, essa norma terá alcance que praticamente inutiliza o efeito que deve ter a consulta, de suspender a exigibilidade do crédito tributário.

A nosso ver, a questão reside em saber o que significa a expressão "tributo autolançado" no referido art. 49 do Decreto 70.235/1972. Estamos com Kelly Magalhães Faleiro, que, ao abordar essa questão, escreve, com razão:

> A rigor, não existe "autolançamento". O lançamento, de acordo com o art. 142 do CTN, é ato privativo da autoridade administrativa.[13] Ocorre que em determinadas hipóteses é dado ao sujeito passivo da regra matriz

---

11. Com citação de Valdir de Oliveira Rocha: *A Consulta Fiscal*, São Paulo, Dialética, 1996, p. 90.

12. V. também citação de José Jaime de Macedo Oliveira, *Código Tributário Nacional – Comentários; Doutrina; Jurisprudência*, São Paulo, Saraiva, 1998, p. 453.

13. Com transcrição do art. 142 do CTN: "Art. 142. Compete privativamente à autoridade administrativa constituir o crédito tributário pelo lançamento, assim entendido o procedimento administrativo tendente a verificar a ocorrência do fato gerador da obrigação correspondente, determinar a matéria tributável, calcular o montante do tributo devido, identificar o sujeito passivo e, sendo o caso, propor a aplicação da penalidade cabível".

de incidência o poder de formalizar o crédito tributário, que fica sujeito à homologação da autoridade administrativa. São as hipóteses que se convencionou chamar de "lançamento por homologação" (art. 150, § 4º, do CTN). Acreditamos, contudo, que o art. 49 do Decreto 70.235/1972 não pretendeu vedar a suspensão da exigibilidade do crédito de todos os tributos objeto de lançamento por homologação, mas tão somente àqueles que, por sua conformação jurídica,[14] comportam transferência do respectivo encargo financeiro a terceiro, como é o exemplo do IPI. Até mesmo porque praticamente todos os tributos que atualmente compõem o ordenamento jurídico estão sujeitos ao "lançamento por homologação". Estender tal regra à universalidade dos tributos sujeitos a esse tipo de lançamento seria esvaziar o conteúdo da consulta fiscal, restringindo o seu cabimento a um pequeno universo de situações.

A única interpretação coerente com o escopo dessa regra é que apenas os valores retidos pelo consulente em face daquele que realizou o fato jurídico tributário, a título de retenção na fonte ou substituição, ou em face de terceiro que suportou *juridicamente* o respectivo encargo, devem ser recolhidos ao Fisco, não cabendo a suspensão do prazo para o seu recolhimento.[15]

A propósito do que seria autolançamento já escrevemos:

Alguns autores referem-se a *autolançamento*, e muitos afirmam a existência de tributo sem lançamento. Todos os tributos em relação aos quais a lei atribui ao sujeito passivo o dever de apurar e pagar a quantia devida independentemente de manifestação da autoridade administrativa seriam objeto de autolançamento, ou seriam tributos sem lançamento.

No Direito Brasileiro não é razoável falar-se de autolançamento, nem de tributo sem lançamento, porque o Código Tributário Nacional é claro no sentido de que todo tributo é sempre objeto de lançamento, ainda que por ficção legal, como ocorre com os tributos que são lançados mediante homologação tácita.[16]

E explicamos como surgiu a ideia de lançamento por homologação tácita em nosso ordenamento jurídico, escrevendo:

A ideia de lançamento, inclusive por homologação tácita, é fruto salutar do genial professor Rubens Gomes de Sousa, pioneiro notável nos estudos do direito tributário em nosso País. Injustamente criticada por

---

14. Com o esclarecimento: Frisamos, *jurídica* e não econômica, já que em princípio todo tributo é transferível a terceiro.

15. Kelly Magalhães Faleiro, *Procedimento de Consulta Fiscal*, cit., pp. 79-80.

16. Hugo de Brito Machado, *Comentários ao Código Tributário Nacional*, 2ª ed., vol. III, São Paulo, Atlas, 2009, p. 133.

vários doutrinadores, ela merece todo o nosso respeito, porque equaciona magistralmente a ideia de lançamento como atividade privativa da autoridade administrativa, com a atribuição legal do dever de apurar o valor do tributo, e de fazer o pagamento deste, independentemente de manifestação da autoridade administrativa, à qual fica sempre assegurada a possibilidade de rever aquela apuração, e cobrar, se for o caso, as diferenças constatadas.[17]

Em face de tudo isto, não temos dúvida de que a expressão "tributo autolançado", no referido art. 49 do Decreto 70.235/1972, abrange tão somente aqueles tributos, por sua conformação estritamente jurídica, em relação aos quais existe regra jurídica autorizando a transferência do respectivo encargo financeiro a terceiro, como é o exemplo do IPI.

7.2.3 Suspensão da exigibilidade do crédito tributário

A formulação de consulta fiscal quando já exista lançamento suspende a exigibilidade do correspondente crédito tributário. A esse respeito, Kelly Magalhães Faleiro, invocando doutrina de Eurico Diniz de Santi doutrina, com propriedade:

> A suspensão da exigibilidade do crédito pressupõe que este já tenha sido formalmente constituído e que, por coerência lógica, seja exigível. Como diz Eurico Diniz de Santi, "só depois de formalizado o crédito tributário, na forma da 'relação jurídica intranormativa', que corresponde ao prescritor do ato-norma, e vencido o correspectivo prazo, é que se verifica a possibilidade da eficácia da 'regra-matriz de suspensão do crédito tributário' perante a 'regra-matriz de exigibilidade'; sem crédito tributário lançado ou crédito tributário instrumental constituído não há que se falar em suspensão da exigibilidade. A exigibilidade pressupõe o suporte linguístico-existencial do crédito tributário".
>
> Para que haja a suspensão da exigibilidade do crédito em face do oferecimento da consulta é imperioso, portanto, que o fato objeto da consulta já tenha sido formalizado em linguagem competente e que o respectivo crédito seja exigível. A formalização do crédito, entretanto, não pode ocorrer por meio de lançamento, pois aí estaremos diante de consulta ineficaz, inábil a produzir efeitos. Ela só pode ter sido promovida pelo consulente ("lançamento por homologação").
>
> Na consulta sobre fato constituído, duas situações podem ser destacadas: uma em que o sujeito passivo declarou e recolheu o tributo conforme o entendimento da norma que ele julgou correto e formula a consulta para

17. Idem, p. 135.

obter da Administração a certeza da regularidade do recolhimento efetuado, e outra em que o sujeito declara o crédito tributário, também conforme o entendimento que ele julgou adequado, mas não o recolhe, consultando a Administração para ter a certeza do crédito a ser recolhido.

Na primeira situação nem sequer caberia falar em suspensão da exigibilidade do crédito, uma vez que o crédito constituído foi pago, operando-se a extinção da obrigação tributária. A consulta, nesse caso, serviria para confirmar a exatidão do crédito apurado e recolhido, evitando surpresas indesejadas para o consulente. A suspensão da exigibilidade do crédito pelo oferecimento da consulta fiscal opera-se fundamentalmente na segunda situação, em que o consulente constitui o crédito tributário segundo o seu entendimento da regra, mas não o recolhe (ou recolhe a menor) por não ter a certeza se esse é o entendimento correto conforme a Administração Tributária. Nessa hipótese, sim, há crédito *supostamente* exigível, passível, portanto, de suspensão de exigibilidade em face da apresentação da consulta.

O Código Tributário Nacional não prevê expressamente a consulta fiscal como causa de suspensão da exigibilidade do crédito (art. 151). A suspensão da exigibilidade é decorrência direta das regras procedimentais que impedem a instauração de qualquer procedimento fiscal (sentido lato) contra o consulente na pendência da consulta. Suspensa a instauração de procedimento fiscal contra o consulente, não poderá a Administração notificar o consulente para pagar o débito declarado e não pago, inscrevê-lo em Dívida Ativa, muito menos executá-lo; não poderá, assim, movimentar a máquina administrativa contra o consulente no sentido de satisfazer qualquer pretensão tributária relativa à matéria consultada. Obviamente, a Administração não pode já ter iniciado contra o consulente nenhum procedimento tendente à exigência do tributo objeto da consulta. Como afirmamos anteriormente, uma consulta formulada em tais circunstâncias é ineficaz, não produzindo efeitos. A consulta fiscal só suspenderá a exigibilidade do crédito objeto da consulta se a sua apresentação se der antes de iniciado qualquer procedimento pela Administração tendente à cobrança do crédito.[18]

---

18. Com o esclarecimento: No Estado do Paraná a formulação de consulta fiscal não tem o efeito de suspender a exigibilidade do crédito tributário. É o que se infere do art. 586, § 1º, "d", do Decreto 2.736/1996, *in verbis*:

"Art. 586. A apresentação da consulta pelo contribuinte ou responsável produz os seguintes efeitos: I – em relação ao fato objeto da consulta, o imposto, quando devido, poderá ser pago até 15 (quinze) dias, contados da data da ciência da resposta, sem prejuízo da atualização monetária; II – impede, até o término do prazo estabelecido no art. 591, o início de qualquer procedimento fiscal destinado à apuração de faltas relacionadas com a matéria consultada.

"§ 1º. O prazo de que trata o inciso I não se aplica: a) ao imposto devido sobre as demais operações realizadas pelo consulente; b) ao imposto já destacado em documento fiscal; c) à consulta formulada após o prazo de pagamento do imposto devido; d) ao imposto já declarado em GIA/ICMS ou GIA/ST."

Em diversas oportunidades o egrégio Tribunal Federal da 1ª Região posicionou-se no sentido de que a consulta fiscal não tem os mesmos efeitos da "reclamação ou recurso", previstos no art. 151, III, do CTN, de suspender a exigibilidade do crédito tributário, de modo a permitir a emissão de certidão negativa de débito.[19] Pensamos, contudo, que tal entendimento, sobretudo no âmbito da Administração Tributária Federal, não pode ser adotado irrestritamente. Em tal esfera o consulente está obrigado a apresentar a declaração de rendimentos e de débitos tributários, cientificando a Administração sobre a constituição do crédito tributário, mesmo não tendo a certeza se deve ou quanto deve. Isso porque a apresentação da consulta não suspende o prazo para entrega de tais declarações.[20] Aquele contribuinte que, diante da ocorrência de determinado fato gerador, vir-se na situação de dúvida quanto ao valor do tributo a recolher não tem opção: ou declara o crédito na forma que ele julgar correto ou deixa de declará-lo e se sujeita ao recolhimento de multa. Optando por declará-lo (formalizando-o) e deixando de recolhê-lo, o crédito tornar-se-á exigível.[21]

A. A. Contreiras de Carvalho explica a razão pela qual o Código Tributário Nacional não considerou a consulta como forma de suspensão da exigibilidade do crédito tributário, escrevendo:

> Não considerou o Código, como forma de suspensão da exigibilidade do crédito tributário, a *consulta*, ainda que aos efeitos desta haja feito alusão, ao cogitar da exigência dos juros de mora, que devem ser acrescidos ao crédito não integralmente pago no vencimento (art. 161, § 2º). É que, evidentemente, a consulta não tem como pressuposto o crédito *constituído*, podendo preexistir ao próprio fato gerador do tributo. Ora, o Código refere-se a *exigibilidade do crédito*, que é suspensa por qualquer das formas aludidas no seu art. 151, expressão que, por si mesma, induz à ideia de crédito constituído.[22]

Essa explicação dada por A. A. Contreiras de Carvalho é razoável, pois a consulta realmente pode ser formulada antes de constituído o crédito tributário, e até mesmo antes de ocorrido o fato gerador do tributo, e a exigibilidade do crédito pode dar-se por várias causas, como está no art. 151 do CTN.

---

19. Com a seguinte remissão: MAS 01038612, 01214232, 01317250.

20. Constando em rodapé: De acordo com o art. 49 do Decreto 70.235/1972.

21. Kelly Magalhães Faleiro, *Procedimento de Consulta Fiscal*, cit., pp. 81-83.

22. A. A. Contreiras de Carvalho, *Doutrina e Aplicação do Direito Tributário*, Rio de Janeiro/São Paulo, Livraria Freitas Bastos, 1969, p. 237.

7.2.4 Óbice à realização de lançamento tributário

A formulação da consulta fiscal impede seja realizado lançamento tributário contra o consulente, vale dizer, impede seja contra ele constituído crédito tributário, porque, na verdade, impede a instauração de qualquer procedimento fiscal tendente à constituição do crédito tributário contra o consulente.

Exatamente porque fica suspensa a realização do lançamento tributário, é razoável admitir-se que fica suspenso também o curso do prazo decadencial, vale dizer, fica suspenso o curso do prazo do qual dispõe o Fisco para fazer o lançamento e, com isto, constituir o crédito tributário.

7.2.5 Impedimento da fluência de juros de mora

A formulação da consulta fiscal impede a cobrança, pela Administração, de juros de mora ao contribuinte, desde que tenha sido feita pelo devedor dentro do prazo legal para pagamento do crédito.

Realmente, o CTN estabelece:

> Art. 161. O crédito não integralmente pago no vencimento é acrescido de juros de mora, seja qual for o motivo determinante da falta, sem prejuízo da imposição das penalidades cabíveis e da aplicação de quaisquer medidas de garantia previstas nesta Lei ou em lei tributária.
>
> § 1º. Se a lei não dispuser de modo diverso, os juros de mora são calculados à taxa de 1% (um por cento) ao mês.
>
> § 2º. O disposto neste artigo não se aplica na pendência de consulta formulada pelo devedor dentro do prazo legal para pagamento do crédito.

Assim, desde que a consulta fiscal tenha sido formulada dentro do prazo para pagamento do tributo, a Administração não poderá impor ao consulente o pagamento dos juros de mora, a não ser que o pagamento do tributo considerado devido não seja efetuado no prazo de 30 dias da resposta. Ou, então – é óbvio –, no caso de ser a consulta declarada ineficaz.

Por maior que seja a demora da Administração em oferecer resposta à consulta que lhe tenha sido formulada antes do vencimento do prazo para pagamento do tributo que venha a considerar devido, não poderá impor ao contribuinte o pagamento de juros de mora, até porque a mora foi sua, e não do contribuinte.

Comentando o art. 161 do CTN, escreveu Aliomar Baleeiro:

> O § 2º do art. 161 parece supérfluo: durante o prazo legal para pagamento do crédito não correm juros, haja ou não haja consulta.
>
> O pagamento desses juros depois do prazo há de ser sempre exigível, já porque quem não paga no vencimento paga menos, já porque o contribuinte será tentado, sobretudo numa época inflacionária, a fazer a consulta fútil para ganhar um prazo maior, locupletando-se com o dinheiro que deveria ter pago até o vencimento. Claro que o depósito exonera o contribuinte (CTN, art. 151, II).[23]

É evidente que durante o prazo para o pagamento do tributo não correm juros de mora, porque, evidentemente, mora não existe. Com ou sem que tenha sido formulada consulta ao Fisco; mas não é esta a questão que se coloca a propósito da regra que está no § 2º do art. 161 do CTN. A questão que se coloca diz respeito ao pagamento feito depois de decorrido o prazo para esse fim legalmente estabelecido, quando o contribuinte tenha formulado consulta.

Com inteira razão Aliomar Baleeiro ao afirmar que, sobretudo numa época inflacionária – que estava sendo vivenciada na época em que se manifestou –, o contribuinte será tentado a fazer a consulta fútil, para ganhar um prazo maior. Entretanto, se a consulta é realmente fútil, será declarada ineficaz e, assim, não produzirá o efeito de impedir a cobrança dos juros de mora. E, se não é fútil, deve produzir o efeito de impedir, sim, a cobrança dos juros de mora, como previsto no dispositivo legal em exame. Sem razão, portanto, *data maxima venia*, o mestre Aliomar Baleeiro quando afirma que "o pagamento desses juros depois do prazo há de ser sempre exigível".

Realmente, sendo formulada dentro do prazo para o pagamento do tributo sobre o qual versa a consulta, e não sendo esta declarada ineficaz, os juros de mora não são devidos.

7.2.6 Impedimento/suspensão da imposição de penalidades

A formulação da consulta fiscal produz também um importante efeito, que consiste em impedir a imposição de penalidades contra o consulente. Se feita dentro do prazo legal para o pagamento do tributo, pelas mesmas razões que impedem a cobrança de juros de mora, e se feita depois findo o prazo para pagamento do tributo, porque funciona

23. Aliomar Baleeiro, *Direito Tributário Brasileiro*, 11ª ed., Rio de Janeiro, Forense, 1999, p. 867.

como denúncia espontânea, que efetivamente é, fazendo incidir o art. 138 do CTN.

Nem poderia, mesmo, ser de outro modo. Tendo o contribuinte dúvida em saber se determinado tributo se faz devido em face da ocorrência de certo fato, certamente não formularia consulta ao Fisco se este pudesse, em face da consulta, valer-se do conhecimento que então passa a ter para impor penalidade ao sujeito passivo que formulou a consulta.

7.3 Efeitos da resposta

7.3.1 Distinção importante

Quando estudamos os efeitos da resposta a uma consulta fiscal é importante a distinção que devemos fazer entre a consulta formulada em tese, vale dizer, em face de situação cuja ocorrência é prevista mas ainda não se concretizou, e a consulta formulada em face de caso concreto, vale dizer, em face de situação de fato já consumada.

A resposta a consulta formulada em face de situação que é prevista mas ainda não se concretizou vale como simples manifestação de opinião por parte da Administração Tributária. É que, em face da resposta recebida, pode o consulente não realizar o fato cujos efeitos foram por ele colocados como dúvida na consulta e, assim, evitar que existam os tais efeitos jurídicos.

É certo que em face de resposta recebida a uma consulta formulada em situação hipotética o consulente também pode realizar os fatos que foram por ele previstos e se submeter aos efeitos nos termos da resposta oferecida pela Administração, e pode, ainda, realizar tais fatos e questionar em juízo, mediante ação declaratória, a validade jurídica da resposta. Neste ponto não há distinção entre a consulta formulada em face de situação hipotética e a consulta formulada em face de fatos já concretizados, pois em qualquer desses casos o consulente pode aceitar a resposta ou questioná-la em juízo.

Já, a resposta a uma consulta formulada em face de situação concreta produz efeitos vinculantes.

7.3.2 Consulta formulada em face de simples hipótese

A certeza é desejada não apenas em face de fatos consumados. Ela é importante, também, como elemento a viabilizar decisões, sobretudo para os que desenvolvem atividades empresariais, onde os custos, inclusive tributários, devem ser cuidadosamente calculados.

A consulta, por isto mesmo, não pressupõe a existência de *lide*. Nem mesmo a iminência ou probabilidade desta. Sua formulação, portanto, é possível em face de situações hipotéticas.

Luciano da Silva Amaro, no melhor estudo até hoje publicado a respeito desse instituto jurídico, assevera, com inteira propriedade:

> A consulta não precisa ser instruída com documentos nem com quaisquer outras provas, salvo quando necessários à exata compreensão da hipótese sobre que se consulta, vale dizer, não se requer que o consulente apresente provas de que o fato descrito na consulta corresponde fielmente ao fato real em que tem interesse, pois a consulta é feita *em tese*, e a resposta soluciona a dúvida proposta, sendo inaplicável à situação real do consulente se esta não coincidir com a hipótese descrita.[24]

A resposta à consulta, neste caso, vale como simples orientação. Não passa de manifestação antecipada, por parte da Administração Tributária, de seu ponto de vista a respeito da interpretação de determinada norma tributária.

7.3.3 Consulta formulada em face de caso concreto

Pode ocorrer, porém, que a consulta seja formulada em face de caso concreto. Consumado já está o fato, e a dúvida suscitada diz respeito aos efeitos jurídicos deste, em face de determinada norma tributária. O que se põe, então, ao exame da Administração Tributária não é simplesmente uma questão teórica, mas a questão de saber se, no caso, surgiu, ou que dimensões terá, determinada relação jurídica tributária.

Neste caso, a resposta oferecida pela Administração Tributária tem efeito vinculante para o consulente. Não é, em relação a este, simples opinião.

Nos termos da vigente legislação a respeito de consulta fiscal, a resposta oferecida pela Administração, uma vez aprovada pela autoridade competente, passa a valer como critério de interpretação da lei.

---

24. Luciano da Silva Amaro, "Do processo de consulta", in Péricles Luiz M. Prade e Célia B. de Carvalho (coords.), *Novo Processo Tributário*, São Paulo, Resenha Tributária, p. 96.

Isto, porém, não significa tenha tal resposta perdido seu caráter de ato administrativo concreto e individual, relativamente àquele que formulou a consulta.

Nesse passo se tem que distinguir os efeitos que da resposta decorrem para o consulente e para terceiros.

A resposta à consulta – ensina Bernardo Ribeiro de Moraes –, "se contrária ao contribuinte, obriga-o a ajustar-se à nova orientação dentro do prazo de 30 dias, a contar da ciência da decisão".[25] Realmente, segundo estabelece o art. 56 do Decreto 70.235, de 6.3.1972, que regula o processo administrativo fiscal, cabe recurso voluntário, com efeito suspensivo, de decisão de primeira instância, dentro de 30 dias contados da ciência. O ter efeito suspensivo significa, exatamente, que o efeito da consulta somente se produzirá depois de apreciado o recurso. Não tivesse a resposta – vale dizer, a decisão proferida no processo de consulta – efeito lesivo a direito do consulente, não haveria razão para se atribuir ao recurso efeito suspensivo.

Estabelece, ainda, o art. 50 do mencionado decreto que "a decisão de segunda instância não obriga ao recolhimento de tributo que deixou de ser retido ou autolançado após a decisão reformada e de acordo com a orientação desta, no período compreendido entre as datas de ciência das duas decisões". Isto significa que tratando-se, por exemplo, de Imposto de Renda na fonte, ou dos tributos objeto do denominado lançamento por homologação, impropriamente aí ditos tributos *autolançados*, a decisão de primeira instância favorável ao contribuinte consulente produz efeitos que não são afetados em virtude de sua reforma. Em outras palavras: se a decisão de primeira instância disse não ser devido o Imposto de Renda na Fonte ou o IPI, em certo caso, e essa decisão foi reformada em segunda instância, o contribuinte não será obrigado a recolher esses tributos relativamente ao período compreendido entre as duas decisões.

A regra do art. 50, acima transcrita e interpretada, significa também que *a decisão proferida em processo de consulta obriga o consulente a recolher tributo*. Em outras palavras: a resposta tem efeito vinculante para o contribuinte, ressalvado, é claro, o recurso deste ao Judiciário. A resposta dada pelo Fisco a uma consulta do contribuinte não é, portanto, apenas *um critério genérico* de aplicação obrigatória para a Administração.

---

25. Bernardo Ribeiro de Moraes, *Compêndio de Direito Tributário*, Rio de Janeiro, Forense, 1984, p. 880.

7.3.4 *Equívocos da doutrina e da jurisprudência*

Independentemente dos efeitos que produz relativamente ao consulente quando formulada em face de caso concreto, a resposta à consulta toma a forma de *parecer normativo*.[26] Daí decorreram lamentáveis equívocos.

O mestre Alfredo Buzaid, por exemplo, fez doutrina:

> Cumpre ressaltar que, embora apresente o instituto da *consulta* efeitos que vinculam a Administração à posição assumida, não vai além entretanto de uma manifestação do poder tributante, sobre dúvida na aplicação da legislação tributária, constituindo "parecer normativo", segundo ensina o saudoso Fábio Fanucchi (*Curso de Direito Tributário*, vol. 1, p. 329). Como tal, a consulta não pode ser considerada como ato lesivo ou como ameaça aos direitos do contribuinte, em termos de autorizar a impetração de mandado de segurança.[27]

Afirmação feita por um doutrinador do porte de Alfredo Buzaid, inegavelmente um dos maiores processualistas brasileiros, certamente exerceu influência nos meios jurídicos. Talvez por isto equívocos também cometeu a jurisprudência.

O antigo Tribunal Federal de Recursos/TFR decidiu ser incabível ação ordinária na qual, ao argumento de que a autoridade administrativa teria interpretado mal o Direito, se pretendia o anulamento da decisão administrativa. Decidiu pelo "incabimento da ação, por pretender discutir ato administrativo em tese, sem lesar direito individual em concreto". Confirmou sentença que acolhera preliminar de carência de ação, suscitada pela União Federal. Foi acolhida, assim, em ambas as instâncias, a tese pela qual

> a Administração é livre para interpretar as disposições legais e, por conseguinte, para responder a consultas segundo seu entendimento, nos casos em que a lei lhe concede essa faculdade. Não pode o Poder Judiciário substituí-la nesse mister, ingerindo-se indebitamente nas atribuições do outro Poder, de modo a fazê-lo aceitar, acima de seu próprio entendimento, o da autoridade judicial. Somente é dado ao Poder Judiciário manifestar-se, nos casos concretos, quando tenha havido lesão a direito individual, (...).

---

26. Salvo, é claro, nos caos em que a legislação específica considera desnecessária tal providência.

27. Alfredo Buzaid, *Do Mandado de Segurança*, vol. I, São Paulo, Saraiva, 1989, p. 104.

Depois de transcrever as razões da sentença, afirmou o Min. Pedro Acioli, Relator do caso: "Não vejo como, à luz das regras processuais, discutir-se, em tese, o acerto ou desacerto de decisão administrativa sem efeito concreto e malferidor de direito individual".[28]

Em outra oportunidade decidiu o mesmo Tribunal não ser cabível mandado de segurança contra resposta a consulta porque esta, depois de aprovada pela autoridade competente, converte-se em critério genérico de aplicação obrigatória para a Administração:

> O que conta, para imprimir generalidade ao parecer exarado em caso de interesse individual, é a aprovação pela autoridade legalmente competente. A partir da concordância da autoridade, antevista na lei, para estabelecer o critério, o parecer perde seu caráter individual, transubstanciando-se em disposição normativa, a cavaleiro de ataque por via de segurança, por força do princípio de que descabe tal medida contra lei em tese – Súmula n. 266 –, sendo comportável somente contra lei em espécie, isto é, contra o ato que tenha aplicado a norma genérica, lesionando o interesse de determinada pessoa.[29]

Aliás, o mesmo TFR, por sua antiga 3ª Turma, já decidira acolhendo recurso por nós interposto, pouco antes de nosso ingresso na Magistratura Federal. O MM. Juiz Federal da 2ª Vara no Ceará negara mandado de segurança a cliente nosso, acolhendo a tese da Fazenda segundo a qual a decisão solucionando consulta fiscal não constitui ato decisório sujeito a controle jurisdicional.[30] O eminente Min. Armando Rollemberg, Relator do caso, disse havermos argumentado com inteira propriedade, e transcreveu em seu voto os argumentos por nós utilizados no recurso, concluindo que, "se a decisão da autoridade impetrada fora dada em consulta formulada pelo impetrante à qual se seguiu intimação para recolhimento do tributo assentada na decisão, não é possível considerar esta norma em tese desde que, concretamente, incide sobre direito que o executado pretende lhe assistir". O referido julgado está assim ementado:

> Mandado de segurança – Sua admissibilidade contra decisão proferida em consulta e seguida de intimação para recolhimento do tributo – Sentença reformada para que outra seja proferida examinando-se o mérito da pretensão posta na inicial.[31]

---

28. TFR, AC 60.107-RJ, rel. Min. Pedro da Rocha Acioli, *DJU* 1.7.1982.
29. TFR, MS 96.797-DF, *DJU* 4.8.1983, p. 11.126.
30. Processo 0011/71, Classe II, Sentença 133/1971, de 24.5.1971.
31. MAS 69.307-CE, j. 17.4.1974.

7.3.5 *Importante distinção quanto aos efeitos da resposta à consulta*

É da maior importância a distinção que devemos ter em mente quanto aos efeitos da resposta à consulta fiscal. É que os efeitos da resposta do Fisco à consulta fiscal são diferentes: (a) em relação ao consulente, em face de caso concreto; (b) em relação ao consulente, em face de situação hipotética; e, finalmente, (c) em relação a terceiros.

É o que vamos, a seguir, examinar.

7.3.5.1 *Efeito vinculante*

Na primeira das três situações acima referidas – vale dizer, os efeitos da resposta para o consulente que fez a consulta em face de caso concreto – a resposta tem efeito vinculante. Em outras palavras: para o consulente que fez a consulta em face de caso concreto a resposta opera como ato administrativo *em concreto*. Afirma a existência, ou o modo de ser, de uma relação jurídica tributária e afirma a pretensão do Fisco de haver o que em função daquela relação lhe é devido.

Sendo assim, se na resposta à consulta fiscal, dirigida ao contribuinte que formulou a consulta, constar a afirmação de que o tributo é devido, se o consulente entende de modo diverso, surge para este o direito de promover ação judicial, como acontece em face de um lançamento de tributo que considera indevido ou maior do que o devido.

A resposta, nesse contexto, tem efeito vinculante.

7.3.5.2 *Efeito de simples interpretação*

Nas duas últimas situações – vale dizer, quando a consulta tenha sido formulada pelo contribuinte, em face de hipótese por ele formulada, ou tenha sido formulada por terceiro – a resposta tem efeito de simples manifestação de opinião da Administração Tributária. Tem efeito de simples interpretação.

Quando diga respeito a consulta formulada em situação hipotética pela razão – óbvia, aliás – de que sem o fato, sem a ocorrência da hipótese descrita, não se pode falar de relação jurídica, e sem esta não se pode falar em efeitos vinculantes da conduta do consulente ou de terceiros.

Em relação aos terceiros – vale dizer, a pessoas diversas do consulente – a resposta não pode ter efeito vinculante, mesmo que formulada em face de caso concreto. É que o caso concreto objeto da consulta diz respeito apenas à relação que do fato pode ter nascido, vinculando ao Fisco o consulente. Não terceiros, em relação aos quais não se pode afirmar a existência daquela relação.

Na verdade, a resposta oferecida pelo Fisco à consulta formulada em face de caso concreto produz efeito como ato administrativo, *em concreto*, relativamente ao consulente. E produz efeito *normativo*, isto é, vale como norma em tese, em qualquer situação, tenha sido formulada em face de caso concreto ou de situação hipotética, relativamente a terceiros.

Isto, porém, não autoriza a conclusão pelo descabimento do mandado de segurança, mesmo nos casos da inexistência de efeito vinculante, como adiante demonstraremos.

7.3.6 Resposta à consulta e o mandado de segurança

Quando a resposta à consulta fiscal veicula opinião da Fazenda Pública contrária ao interesse do contribuinte que a formulou – vale dizer, quando a resposta à consulta afirma ser devido um tributo que o consulente entende ser indevido, ou afirma ser o tributo maior do que o considerado devido pelo consulente –, essa resposta configura evidente ameaça ao consulente. Sendo assim, e não havendo questão de fato envolvida, mas apenas questão de direito, essa resposta enseja o cabimento de mandado de segurança.

Entretanto, registramos manifestação doutrinária em sentido oposto do eminente administrativista Hely Lopes Meireles, que escreveu:

> (...). Até mesmo a segurança *preventiva* só poderá ser pedida ante um ato perfeito e *exequ*ível, mas ainda não executado. Enquanto o ato estiver em formação, ou com efeitos suspensos, ou depender de formalidades complementares para a sua operatividade, não se nos antolha passível de invalidação por mandado de segurança.[32]

Adotando-se tal entendimento, que consideramos, *data venia*, inteiramente inaceitável, mesmo diante do lançamento tributário consumado não caberia mandado de segurança. Sabemos todos que o lançamento só se torna exequível depois da inscrição do crédito correspondente na Dí-

32. Hely Lopes Meireles, Arnoldo Wald e Gilmar Ferreira Mendes, *Mandado de Segurança* e Ações Constitucionais, 37ª ed., São Paulo, Malheiros Editores, 2016, pp. 68-69.

vida Ativa da pessoa jurídica de direito público credora. É que a inscrição em Dívida Ativa constitui formalidade complementar da qual depende a operatividade do lançamento.

Mais adequado tem sido o entendimento do TJRS, segundo o qual, editado um regulamento, desde logo é cabível o mandado de segurança preventivo contra ameaça de lançamento de tributo, que se considera configurada desde a edição de norma. Na ACi 584.00224-0, da qual foi Relator o então Desembargador Athos Gusmão Carneiro, depois eminente Ministro do STJ, a Corte gaúcha afirmou o cabimento do mandado de segurança, "ante a amplitude da garantia constitucional", em face do "justo receio de lançamento ilegal de tributo", que teve como configurado pela simples edição de um regulamento.[33]

A norma tida como ilegal é, na verdade, aquele indício razoável, a que se refere Alfredo Buzaid,[34] que demonstra haver na autoridade administrativa a tendência para a prática do ato temido pelo contribuinte.

O cidadão tem o direito de não ser molestado por cobranças indevidas, mesmo administrativas. Tem o direito de não ser considerado *devedor* quando, em verdade, devedor não é. Tem, assim, o direito de impedir que se faça contra ele um lançamento tributário se tal lançamento é indevido. Assim, a cobrança que lhe é feita, administrativamente, de tributo que não deve é lesiva de seu direito, e enseja a impetração de mandado de segurança.

A resposta à consulta formulada em face de situação concreta pode significar uma cobrança de tributo, feita administrativamente, inclusive sob a ameaça das sanções legalmente previstas para o inadimplente da obrigação tributária. E, sendo assim, enseja, induvidosamente, a impetração de mandado de segurança.

De todo modo, ainda que não significasse uma lesão ao direito do impetrante de não ser molestado com cobranças indevidas, significaria uma ameaça concreta de agressão a seu patrimônio, a ser executada mediante a posterior cobrança judicial. Por isto, o cabimento do mandado de segurança, em caráter preventivo, não admite, nesses casos, qualquer contestação razoável.

Diversamente, as respostas a consultas feitas pelo contribuinte sobre situações hipotéticas, ou feitas por terceiros, valem apenas como manifes-

33. *Revista do TJRS* 118/232.

34. Alfredo Buzaid, *Do Mandado de Segurança*, cit., vol. I, p. 203.

tação de opinião do Fisco, e por isto mesmo não ensejam a impetração de mandado de segurança, por uma razão muito simples. É que, se a consulta foi feita pelo contribuinte em face de situação hipotética, e tal situação não chega a se concretizar, evidentemente não se pode cogitar de lesão a direito. A norma editada sob a forma de *parecer normativo* não saiu, para aquele contribuinte, do plano da abstração. Não incidiu, à míngua de suporte fático.

Entretanto, se a situação de fato vem a se concretizar, será cabível, sim, o mandado de segurança preventivo. Sustentar o não cabimento da impetração preventiva, ao argumento de que a resposta à consulta é simplesmente manifestação de opinião do Fisco, seria confundir a impetração contra a lei em tese com a impetração preventiva.

Como afirmou, com inteira propriedade, Arnaldo Vasconcelos, "o que se aplica é a interpretação normativa, e nunca a norma em seu presumível e problemático significado original".[35] Havendo um *parecer normativo*, por certo é a interpretação nele consubstanciada que a autoridade da Administração Tributária vai aplicar.

Assim, uma vez concretizada a situação objeto de um *parecer normativo* com o qual contribuinte não esteja de acordo, e por isto não adote a conduta no mesmo indicada, surge, evidentemente, para esse contribuinte o *justo receio* de vir a ser molestado pelo Fisco. A autoridade administrativa responsável pelo lançamento do tributo ou pela aplicação de penalidade em face de inobservância de obrigações tributárias, com certeza, providências vai adotar para fazer valer a interpretação oficial. Em situações assim é induvidoso o cabimento do mandado de segurança preventivo.

Inadmissível, porém, é a impetração do mandado de segurança por alguém que, sem participar de situação concreta sobre a qual incide a norma, pretende uma sentença que lhe garanta a certeza no que diz respeito ao alcance da norma, para só então decidir se concretiza, ou não, a situação. É que, neste caso, como ainda não existe o *fato*, inexiste o *direito*, cuja titularidade confere ao impetrante a legitimidade para pedir a prestação jurisdicional.

7.4 Conclusões

Com fundamento no que neste capítulo foi exposto, podemos firmar pelo menos as seguintes conclusões:

---

35. Arnaldo Vasconcelos, *Teoria da Norma Jurídica*, Rio de Janeiro, Forense, 1976, p. 24.

7.4.1 A formulação de uma consulta fiscal produz importantes efeitos para o contribuinte que a formula.

7.4.2 Os efeitos produzidos pela formulação de uma consulta fiscal são distintos conforme se trate de consulta formulada em face de caso concreto ou diante de simples hipótese.

7.4.3 Talvez o mais importante efeito da formulação de uma consulta fiscal seja garantir ao consulente a desejada segurança jurídica no desempenho de suas atividades.

7.4.4 No caso de consulta fiscal formulada por entidade representativa de categoria econômica ou profissional é razoável que para os sujeitos passivos da obrigação tributária a consulta somente produza efeitos depois de respondida, porque tais efeitos, a rigor, não decorrem da formulação, mas da resposta oferecida pelo órgão público consultado.

7.4.5 A consulta fiscal somente produzirá efeitos se regularmente formulada, e a Administração tem uma larga margem para negar efeito à formulação de uma consulta, bastando alegar que o fato está disciplinado em dispositivo literal de lei ou que o fato objeto da consulta está disciplinado em ato normativo publicado antes de sua apresentação.

7.4.6 A recusa de efeito à formulação da consulta fiscal, nos termos da conclusão precedente, não se justifica, tanto porque em muitas situações é extremamente subjetiva a compreensão de que o fato está previsto em dispositivo literal de lei como porque a dúvida pode ter surgido exatamente desse ato normativo.

7.4.7 O principal efeito da formulação de uma consulta fiscal consiste em impedir a instauração de procedimento administrativo contra o consulente, desde a apresentação da consulta ao órgão competente da Administração Tributária até o trigésimo dia seguinte ao da resposta.

7.4.8 Por maior que seja a demora da Administração em oferecer resposta à consulta que lhe tenha sido formulada antes do vencimento do prazo para pagamento do tributo que venha a considerar devido, não poderá impor ao contribuinte o pagamento de juros de mora, até porque a mora foi sua, e não do contribuinte.

7.4.9 Quando se afirma que a resposta a uma consulta formulada em face de caso concreto é vinculante para o contribuinte não se está afastando a possibilidade que tem o consulente de ingressar em juízo para questionar o entendimento manifestado pela Administração em sua resposta.

7.4.10 Quando a consulta é formulada pelo contribuinte em face de hipótese por ele formulada ou tenha sido formulada por terceiro a resposta tem efeito de simples manifestação de opinião da Administração Tributária. Tem efeito de simples interpretação, até porque o contribuinte poderá evitar a ocorrência do fato que enseja a dúvida objeto da consulta.

8
INEFICÁCIA DA CONSULTA

8.1 Considerações preliminares. 8.2 Consulta em desacordo com a lei. 8.3 Consulente já intimado a cumprir a obrigação. 8.4 Consulente sob fiscalização. 8.5 Fato já objeto de decisão. 8.6 Fato disciplinado em ato normativo anterior. 8.7 Fato disciplinado em disposição literal de lei. 8.8 Fato definido como ilícito penal. 8.9 Descrição do fato envolvido na consulta. 8.10 Decisão que declara ineficaz a consulta e os direitos do consulente.

8.1 Considerações preliminares

Temos afirmado repetidas vezes e estamos rigorosamente convencidos de que Fisco não tem nenhum interesse pelo *Direito*. Tem muito interesse é pelo *dinheiro*. A coincidência está nas duas primeiras e na última letra dessas palavras.

Ao estudarmos o procedimento de consulta fiscal nos deparamos com uma eloquente demonstração desse nosso entendimento no art. 52 do Decreto 70.235, de 6.3.1972, que estabelece as hipóteses nas quais a consulta não produzirá os efeitos que lhe são próprios. É que, com exceção das hipóteses estabelecidas nos incisos II e III desse dispositivo legal, todas as demais abrem caminho para o Fisco desqualificar a consulta que quiser, vale dizer, abrem caminho para que o Fisco afirme a ineficácia da consulta, e faça desta apenas um chamamento para a fiscalização, que poderá atuar contra o consulente e submetê-lo ao tratamento rigoroso que entender cabível, inclusive com a imposição de penalidades. E – o que é pior – existe manifestação doutrinária admitindo que a enumeração das hipóteses nas quais a consulta fiscal pode ser considerada ineficaz não é taxativa. Neste sentido é a lição de A. A. Contreiras de Carvalho, que, reportando-se ao art. 52 do Decreto 70.235/1972, escreve:

> Cuida a lei processual, neste artigo, da ineficácia da consulta, isto é, daquelas que não produzem efeito jurídico, seja pela inobservância de formalidades, seja pela ocorrência de fatos que não permitem a sua formulação. Em se tratando de instituto que tem por um dos efeitos sustar a instauração de procedimento fiscal, trata a lei de seu processo, enumerando as hipóteses em que a consulta se torna ineficaz, não podendo, todavia, ser taxativa a enumeração.[1]

Seja como for, vamos, a seguir, examinar as oito hipóteses previstas no art. 52 do Decreto 70.235/1972 nas quais o Fisco pode considerar que a consulta fiscal é desprovida de eficácia, vale dizer, não produz os efeitos que lhe são próprios.

8.2 Consulta em desacordo com a lei

O fato de haver sido formulada em desacordo com os arts. 46 e 47 do Decreto 70.235/1972 é a primeira das oito hipóteses nas quais a Administração pode considerar ineficaz a consulta fiscal.

Como se vê, quando a autoridade da Administração Tributária quiser apagar uma consulta fiscal, vale dizer, quanto a autoridade administrativa pretender fazer com que a mesma não produza nenhum efeito, basta dizer que a consulta foi formulada em desacordo com a lei. Estar em desacordo com a lei é algo que em muitas situações pode ser muito subjetivo, de sorte que o contribuinte que formulou a consulta dificilmente terá como demonstrar o contrário, ou seja, demonstrar que a consulta foi formulada de acordo com a lei aplicável.

8.3 Consulente já intimado a cumprir a obrigação

A consulta fiscal também não produzirá efeito quando formulada *por quem tiver sido intimado a cumprir obrigação relativa ao fato objeto da consulta*. Neste caso temos um fato objetivo a justificar a ineficácia da consulta, que é a intimação do consulente.

Trata-se de hipótese na qual se justifica plenamente seja o sujeito passivo de obrigações tributárias privado do seu direito à consulta fiscal. Se já foi intimado a cumprir uma obrigação, conhece bem o entendimento do Fisco a respeito do fato envolvido, e deve cumprir sua obrigação,

---

1. A. A. Contreiras de Carvalho, *Processo Administrativo Tributário*, São Paulo, Resenha Tributária, 1978, p. 167.

ou, então, se considera que é indevida a exigência fiscal, questionar tal exigência.

Como já afirmamos ao estudar o objetivo da consulta fiscal, o que o consulente pretende com ela, sempre e em qualquer caso, é obter a informação a respeito da questão de saber como a Administração Tributária interpreta e aplica a legislação a um fato determinado.

Coisa diversa é o objetivo para o qual o consulente pretende obter a questionada informação. O consulente pode pretender a resposta à consulta para adotar o comportamento nela apontado como correto, mas pode pretender a resposta, embora já conheça o entendimento do Fisco, se discorda e pretende questionar esse entendimento judicialmente. Neste caso pretende com a consulta obter um documento que comprova qual é o entendimento adotado pelo Fisco.

8.4 Consulente sob fiscalização

A consulta fiscal também pode ser considerada ineficaz quando formulada por quem estiver sob procedimento fiscal iniciado para apurar fatos que se relacionem com a matéria consultada.

Trata-se de outra hipótese na qual se justifica plenamente esteja o sujeito passivo de obrigações tributárias privado do direito à consulta fiscal. Se já está submetido a procedimento fiscal iniciado para apurar determinados fatos, nada justifica possa formular consulta sobre os mesmos.

Realmente, se os fatos já ocorreram, o sujeito passivo da obrigação tributária deve ter adotado em face dos mesmos o comportamento estabelecido pela legislação que os regula. Se não adotou, e já está submetido a procedimento fiscal destinado a apurar a ocorrência desses fatos, nada justifica pedir informação ao Fisco a respeito do significado jurídico tributário desses fatos.

Como se vê, cuida-se de situação na qual se justifica plenamente a regra jurídica que retira a eficácia da consulta fiscal.

8.5 Fato já objeto de decisão

Nos termos do art. 52, IV, do Decreto 70.235/1972, também pode ser considerada ineficaz a consulta fiscal quando a questão na mesma colocada resultar de fato que já tenha sido posto em consulta anterior e, assim, já tenha sido objeto de decisão, ainda não modificada, proferida em consulta ou litígio em que tenha sido parte o consulente.

A exclusão de efeitos da consulta neste caso, feita assim, de forma ampla, não se justifica, pois a consulta pode versar exatamente a respeito de dúvida suscitada pelo consulente em face da resposta dada pela Administração à consulta anterior. Com a exclusão dos efeitos da consulta, neste caso, o consulente pode ser prejudicado injustamente em seu direito de ter esclarecida a dúvida colocada.

8.6 Fato disciplinado em ato normativo anterior

Nos termos do art. 52, V, do Decreto 70.235/1972, também pode ser declarada a ineficácia de consulta fiscal quando o fato nela descrito como ensejador da dúvida estiver disciplinado em ato normativo publicado antes de sua apresentação.

Trata-se, como facilmente se vê, de mais uma hipótese na qual não se justifica negar eficácia à consulta fiscal, ao menos da forma abrangente como está posta no referido dispositivo legal. É que a dúvida pode decorrer exatamente da regra jurídica albergada pelo ato normativo apontado como causa da ineficácia da consulta.

Realmente, o art. 52, V, estabelece que não produzirá efeito a consulta *quando o fato estiver disciplinado em ato normativo, publicado antes de sua apresentação*. Desconsidera, portanto, que a dúvida motivadora da consulta pode ter resultado exatamente do ato normativo ao qual se refere para estabelecer a ineficácia da consulta.

A nosso ver, a negativa de efeito à formulação de consulta fiscal com fundamento no art. 52, V, do Decreto 70.235/1972 só se justifica se entendermos que a expressão "ato normativo", nesse dispositivo legal, não abrange leis e regulamentos, mas apenas as normas inferiores, que o CTN, em seu art. 100, denomina "normas complementares", e que não cabe consulta para esclarecer dúvida decorrente dessas normas inferiores.

8.7 Fato disciplinado em disposição literal de lei

Nos termos do art. 52, VI, do Decreto 70.235/1972, a consulta fiscal pode ser declarada ineficaz *quando o fato estiver definido ou declarado em dispositivo literal da lei*. É mais uma hipótese na qual a Administração pode atropelar o direito do sujeito passivo da obrigação tributária de obter informação a respeito de como o Fisco interpreta e aplica a lei tributária.

O que é uma "disposição literal de lei"?

O conhecimento do Direito é difícil exatamente porque o Direito é expresso em linguagem, e esta geralmente alberga mais de um significado para as suas expressões. Assim é que, estudando os elementos da interpretação, e nos referindo ao elemento literal, escrevemos:

> Toda norma, e, mais amplamente, toda prescrição jurídica, é expressa em palavras. Assim, o elemento literal, ou gramatical, tem indiscutível importância ou, mais exatamente, ele é imprescindível na determinação do sentido e do alcance das expressões do Direito. Se tivermos diante de nós a Constituição do Japão, nem poderemos saber que se trata de uma Constituição, a menos que tenhamos conhecimento do idioma japonês.
>
> O trabalho do intérprete, ao valer-se do elemento literal, reduz-se à pesquisa do significado gramatical das palavras. Seu principal instrumento de trabalho será o dicionário da língua em que está escrita a prescrição jurídica. Importante será o significado etimológico das palavras e expressões da linguagem.
>
> Entretanto, por mais importante que seja o elemento literal, na verdade ele é absolutamente insuficiente. A maioria das palavras tem mais de um significado, e muitas vezes até mesmo frases inteiras podem ter significados completamente diferentes, a depender do contexto no qual estejam encartadas. A expressão "o banco quebrou", por exemplo, sendo pronunciada em uma oficina em que são fabricados objetos para as pessoas sentarem, quando um desses objetos está sendo submetido a teste de resistência, significa com toda certeza que um desses objetos partiu-se. A mesma expressão, porém, pronunciada pelo Ministro da Fazenda em uma conferência para executivos financeiros seguramente significa que uma instituição financeira faliu.
>
> Muitos outros exemplos poderíamos citar de palavras e de expressões cujo significado depende do contexto. Não apenas do contexto da palavra na frase, ou da frase no contexto em que encarta, mas do contexto ambiental ou existencial.
>
> Por isto, em face da insuficiência do elemento literal, outros elementos devem ser utilizados pelo intérprete para a adequada determinação do sentido e do alcance das expressões do Direito.[2]

Referindo-se à regra do art. 52, VI, do Decreto 70.235/1972, que permite a declaração de ineficácia da consulta fiscal *quando o fato estiver definido ou declarado em dispositivo literal de lei*, depois de criticar a regra do dispositivo imediatamente anterior, Kelly Magalhães Faleiro escreve:

2. Hugo de Brito Machado, *Introdução ao Estudo do Direito*, 3ª ed., São Paulo, Atlas, 2012, pp. 167-168.

> O mesmo deve dar-se em relação ao requisito da ausência de definição do fato consultado em "disposição literal de lei". A literalidade do texto deve ser suficiente para definir a situação objeto da consulta. O texto deve ser inequívoco em face da matéria consultada, para desqualificar a dúvida. Caso a situação consultada possua nuanças e particularidades que transbordem dos limites do texto, não será lícito indeferir a consulta fiscal.[3]

Realmente, para que se justifique a ineficácia da consulta fiscal com fundamento no art. 52, VI, do Decreto 70.235/1972 é necessário que o fato descrito na consulta esteja previsto em dispositivo cuja interpretação não enseje a menor dúvida, e somente diante de uma situação concreta é que se pode avaliar se o consulente agiu ou não de boa-fé e, em consequência, se estavam presentes ou não o direito à consulta e o consequente dever da autoridade administrativa de oferecer a correspondente resposta, com o esclarecimento desejado.

A rigor, a negativa de efeito à consulta fiscal com fundamento no art. 52, VI, é uma forma injustificável de permitir que a Administração deixe de atribuir efeito à consulta fiscal, que na verdade pode versar exatamente sobre o que a entidade consultada entenda ser um fato definido ou declarado em dispositivo literal da lei. Na verdade, considerados os incisos V e VI do art. 52 do Decreto 70.235, temos de concluir que, a rigor, a Administração pode negar efeito a qualquer consulta formulada a respeito da aplicação de dispositivos da legislação tributária a um fato determinado.

8.8 Fato definido como ilícito penal

Em seu art. 52, VII, o Decreto 70.235/1972 estabelece que é ineficaz a consulta fiscal *quando o fato for definido como crime ou contravenção penal.*

Sobre o assunto, Marcos Vinicius Neder e Maria Teresa Martínez López escrevem:

> A consulta fiscal tem como objetivo primordial conhecer qual é o ponto de vista da Administração sobre a aplicação da norma vigente a um caso concreto. O consulente expõe o fato e explica qual o quadro geral a que o deva subsumir, requerendo à autoridade administrativa que pronuncie sua anuência ou não em relação ao seu entendimento apresentado na petição.

---

3. Kelly Magalhães Faleiro, *Procedimento de Consulta Fiscal*, São Paulo, Noeses, 2005, p. 110.

Essa providência, em geral, é prévia à ocorrência do fato objeto da consulta, de forma a possibilitar ao consulente agir de acordo com a interpretação fazendária se a entender correta. Se, no entanto, a autoridade administrativa identificar crime ou contravenção penal no caso concreto descrito pelo consulente, não há como ela concordar com o agir do contribuinte. Então, não há dúvida a ser dirimida, a resposta do Fisco seria sempre no sentido de orientar sobre o impedimento legal à prática do ato ilícito pelo contribuinte, porquanto a conduta descrita na consulta irá lesar um bem jurídico protegido pela lei penal.[4] Assim, o legislador estabelece que, se formulada a consulta nesses termos, não produzirá os efeitos de proteção ao contribuinte previstos no PAF e na legislação que o alterou.[5]

Ocorre que o sujeito passivo da obrigação tributária pode não saber se o fato por ele descrito na consulta constitui crime, ou não. Assim, parece-nos que a autoridade da Administração Tributária deve responder à consulta afirmando que, no seu entender, o fato constitui, sim, ilícito penal, e por isto mesmo deve ser evitado.

8.9 Descrição do fato envolvido na consulta

Finalmente, em seu art. 52, VIII, o Decreto 70.235/1972 estabelece que não produzirá efeito a consulta fiscal *quando não descrever, completa ou exatamente, a hipótese a que se referir, ou não contiver os elementos necessários à sua solução, salvo se a inexatidão ou omissão for escusável, a critério da autoridade julgadora.*

Como se vê, a autoridade competente para responder à consulta fiscal pode facilmente considerar que a consulta não produz efeito também com fundamento no inciso VIII do art. 52, acima transcrito, porque é muito fácil dizer que a descrição de uma hipótese de incidência de regra jurídica não é completa ou exata, ou, ainda, que não contém os elementos necessários à sua solução. E note-se que a regra em referência, acima transcrita, diz claramente que saber se ocorre o defeito em questão fica a critério da autoridade julgadora.

Sobre a regra que exige a descrição completa e exata da hipótese à qual se refere a consulta fiscal como condição para que ocorra a produção

---

4. Constando em rodapé: Conforme ensinamento de E. Magalhães Noronha, crime é "a conduta humana que lesa ou expõe a perigo um bem jurídico protegido pela lei penal" (*Direito Penal*, vol. I, São Paulo, Saraiva, 1991, p. 94).

5. Marcos Vinicius Neder e Maria Teresa Martínez López, *Processo Administrativo Fiscal Federal Comentado*, 3ª ed., São Paulo, Dialética, 2010, pp. 541-542.

de efeitos pela consulta fiscal, Marcos Vinicius Neder e Maria Teresa Martínez López escrevem:

> A eficácia da consulta sobre a interpretação da legislação tributária pressupõe formalidades a serem cumpridas pelos consulentes, entre elas a de expor, minuciosamente, a hipótese consultada e os fatos concretos a que visa atingir. Deverá sempre conter a descrição completa dos fatos de forma a propiciar a solução pelo intérprete, bem como estar munida de elementos que são do conhecimento do consulente.
>
> A necessidade é ainda maior quando se tratar de dúvidas sobre a correta classificação fiscal das mercadorias. Para a devida classificação, isto é, para distribuir produtos em classes, grupos, segundo critérios predeterminados, necessário se faz conhecer todas as características do produto. Entre as informações que deverão ser fornecidas, obrigatoriamente, pelo consulente, no caso de classificação fiscal, citam-se nome vulgar, comercial, científico e técnico; marca registrada, modelo, tipo e fabricante; função principal e secundária; princípio e descrição resumida do funcionamento; aplicação, uso ou emprego (incluindo a configuração de uso ou montagem e instalação, se for o caso); forma de acoplamento de motor a máquinas e aparelhos, quando for o caso; dimensões e peso líquido; peso molecular, ponto de fusão e densidade, para produtos do Capítulo 39 da Nomenclatura Comum do MERCOSUL/NCM; forma (líquido, pó, escamas etc.) e apresentação (tambores, caixas etc., com as respectivas capacidades em peso ou em volume); ou a configuração de fornecimento (componentes) no caso de máquinas, instrumentos ou aparelhos, se montados ou desmontados; matéria ou materiais de que é construída a mercadoria e seus pertences em peso ou em volume; processo industrial detalhado de obtenção; classificação pretendida, com os correspondentes critérios utilizados; catálogo técnico, bulas, literaturas, fotografias, plantas ou desenhos que caracterizem o produto; e outras informações ou esclarecimentos necessários à correta identificação técnica do produto, sua operação e funcionamento, sua montagem e instalação, quando for o caso.
>
> Caso o contribuinte não formule a consulta com todos os elementos necessários à sua elucidação, ela não será considerada válida. Entretanto, ele continuará com todas as garantias inerentes a esse instituto, enquanto não declarada sua ineficácia.[6]

A nosso ver, no caso em que a formulação da consulta esteja com descrição incompleta da hipótese questionada ou não ofereça todos os elementos necessários à sua elucidação, o certo é que a Administração solicite ao consulente a complementação da consulta, indicando quais os

6. Idem, pp. 543-544.

elementos dos quais necessita para responder a ela, e não simplesmente declarar a consulta ineficaz. O disposto no art. 52, VIII, do Decreto 70.235/1972 demonstra que realmente, como temos afirmado repetidas vezes, o Fisco em nosso País não tem nenhum interesse pelo Direito, só tem muito interesse pelo dinheiro do contribuinte, em todas as atividades nas quais participa.

Por outro lado, temos de considerar que a autoridade da Administração Pública, ao declarar a ineficácia da consulta, tem o dever de fundamentar sua decisão, e o não cumprimento desse dever fere direito do consulente, como veremos a seguir.

8.10 Decisão que declara ineficaz a consulta e os direitos do consulente

Um direito do contribuinte que eventualmente pode ser violado pela autoridade administrativa ao declarar a ineficácia da consulta fiscal diz respeito à fundamentação da decisão, pois, na verdade, todas as decisões administrativas devem ser fundamentadas, por exigência da Constituição Federal, a respeito da qual já escrevemos:

> Embora ao dizer que "serão fundamentadas todas as decisões" refira-se a Constituição Federal apenas ao Poder Judiciário, a necessidade de fundamentação das decisões da autoridade administrativa decorre do preceito constitucional segundo o qual *aos litigantes, em processo judicial ou administrativo, e aos acusados em geral são assegurados o contraditório e a ampla defesa, com os meios e recursos a ela inerentes.*[7]
>
> Na lição de Ada Pellegrini Grinover, "a motivação tem íntima relação com o direito que as partes têm de influir concretamente *sobre a formação do convencimento do juiz*".[8]
>
> Também em se tratando de decisão administrativa, é inegável que a fundamentação está diretamente relacionada com o direito do interessado de influir na formação do convencimento, seja da autoridade administrativa superior, competente para apreciar o recurso cabível no caso, seja do juiz ao qual for submetida a pretensão de controle de validade daquela decisão administrativa.
>
> Não se considera fundamentada uma decisão que diz apenas inexistir o direito pleiteado, ou que *a pretensão do requerente não tem amparo legal.*

7. Constando em rodapé: CF de 1988, art. 5º, LV.

8. Constando em rodapé: Ada Pellegrini Grinover, cit. por Valdir de Oliveira Rocha, *O Novo Processo Administrativo Tributário*, São Paulo, IOB, 1993, p. 26.

> Tais "fundamentos" são de tal generalidade que se prestam para justificar qualquer indeferimento, e por isto mesmo, a rigor, não se prestam para nada. A decisão que tenha fundamentação assim tão genérica não permite o exercício do direito de defesa por parte daquele a quem prejudica, que não tem como argumentar em sentido contrário. Tal decisão, portanto, é nula.[9]

Não temos dúvida de que, para ser válida, a decisão da autoridade administrativa que declara ineficaz a consulta fiscal deve ser fundamentada, não sendo bastante para esse fim que nessa decisão a autoridade afirme que a consulta é ineficaz nos termos do art. 52, VIII, do Decreto 70.235/1972. Para que a decisão da autoridade administrativa, que afirma a ineficácia da consulta, nos termos do citado dispositivo legal, seja fundamentada e, portanto, válida é necessário que descreva as razões pelas quais considera que a consulta, no caso, não descreve, completa ou exatamente, a hipótese a que se refere ou não contém os elementos necessários à sua solução.

Insistimos, portanto, afirmando que, a nosso ver, a melhor solução para o caso em que a formulação da consulta pareça, para a autoridade administrativa, estar com descrição incompleta da hipótese questionada ou não oferecer todos os elementos necessários à sua elucidação o certo é que a Administração solicite ao consulente a complementação da consulta, indicando quais os elementos dos quais necessita para responder a ela, e não simplesmente declarar a consulta ineficaz.

A propósito dessa questão é invocável a lição de Kelly Magalhães Faleiro, que, reportando-se aos casos de declaração de ineficácia da consulta fiscal, invoca a doutrina de juristas autorizados e escreve, com propriedade:

> As regras que estabelecem exceções ao direito de formular consulta, como diz Cléber Giardino, "devem ser consideradas de forma estreita e restritiva",[10] em homenagem aos princípios informadores do instituto e em atenção ao direito dos administrados de terem seus pleitos atendidos pela Administração. A menos que se identifique a deslealdade dos propósitos

---

9. Hugo de Brito Machado, *Mandado de Segurança em Matéria Tributária*, 9ª ed., São Paulo, Malheiros Editores, 2016, pp. 386-387.

10. Constando em rodapé: Cléber Giardino, "Instituto da consulta em matéria tributária – Declaração de ineficácia", *RDTributário* 39/223-227, Ano 11, São Paulo, Ed. RT, janeiro-março/1987.

do consulente em formular uma consulta sobre matéria absolutamente incontroversa, não se legitima o indeferimento da consulta.[11]

Reportando-se à forma da consulta fiscal, Wagner Balera doutrina, com toda razão:

> Com efeito, não se pode pretender que um particular, nem sempre acostumado a lidar com escritos e já atormentado pelas dúvidas que a situação atual ou futura lhe suscita, possa formular a consulta como uma peça de notável lavor jurídico.
>
> Muito ao contrário, o que se deve esperar, na maior parte dos casos, é a formalização de uma peça que não resistiria a um primeiro exame gramatical. É claro que nem todos os consulentes estarão assessorados por profissionais do ramo.
>
> Daí dever merecer, o conteúdo da consulta, uma atenta consideração por parte do Fisco, sem que se cuide muito da forma. Seria melhor que o juízo de admissibilidade da consulta comportasse até mesmo um momento de justificação onde o Fisco pudesse sanar eventuais lacunas, omissões ou contradições que o pedido apresentasse.
>
> O que se busca é um efetivo diálogo entre o Estado e o particular. Faz parte desse diálogo um afinamento da linguagem de cada um dos envolvidos.
>
> Como compete ao Poder Público dar assistência ao consulente na busca da solução do problema proposto, cremos que o apego ao formalismo só contribuiria para o descrédito do instituto em exame e para a instauração de litígios, cujo deslinde é sempre mais difícil.[12]

Em face de tais razões, o contribuinte que formulou consulta fiscal de boa-fé, e tem direito a uma resposta do Fisco, não se conformando com a decisão que, sem a fundamentação adequada, declara a ineficácia de sua consulta, tem direito a mandado de segurança para lhe assegurar o direito a uma resposta.

É claro que a afirmação desse direito ao mandado de segurança depende do exame do caso concreto.

---

11. Kelly Magalhães Faleiro, *Procedimento de Consulta Fiscal*, cit., p. 111.

12. Wagner Balera, "Consulta em matéria tributária", *RDTributário* 45/225, São Paulo, Ed. RT, julho-setembro/1988.

9
MUDANÇA DE ENTENDIMENTO DA ADMINISTRAÇÃO

9.1 Introdução. 9.2 Procedimento com instância única. 9.3 Mudança do entendimento expresso na resposta à consulta. 9.4 A mudança de entendimento e os direitos do consulente.

9.1 Introdução

Não podemos deixar de insistir na importância dos conceitos na abordagem de assuntos jurídicos. Isto porque o Direito é necessariamente expresso em linguagem, e na linguagem a utilização adequada dos conceitos é de fundamental importância, até porque não se pode esquecer que muitas divergências doutrinárias, a rigor, são motivadas pelo uso indevido de certos conceitos.

Neste capítulo deste nosso estudo a respeito da consulta fiscal vamos abordar questões interessantes relativas à possibilidade de mudança do entendimento adotado pela Administração ao responder a uma consulta.

Começaremos examinando a questão de saber por que no procedimento de consulta fiscal não é necessária dupla instância, e como essa questão é tratada na legislação federal. Depois vamos examinar a ocorrência de mudança, pela Administração, do entendimento expresso na resposta à consulta, e em seguida as consequências dessa mudança de entendimento para os direitos do consulente. Finalmente, formularemos as nossas conclusões a respeito do assunto estudado neste capítulo.

9.2 Procedimento com instância única

No sistema jurídico brasileiro já tivemos duas instâncias no procedimento de consulta fiscal. E o Decreto 70.235, de 6.3.1972, estabelecia expressamente que o contribuinte, favorecido com a resposta da primeira instância à consulta por ele formulada, e que vinha observando a orientação na mesma contida, não estava obrigado a recolher o tributo que deixou de ser retido ou autolançado após a decisão reformada e de acordo com a orientação desta, no período compreendido entre as datas de ciência das duas decisões.[1]

Em outras palavras: o contribuinte estava amparado contra a exigência de tributo que deixou de descontar ou de fazer o denominado autolançamento entre a data na qual foi cientificado da resposta da primeira instância, afirmando não ser devido o tributo, e a da resposta da segunda instância que, reformando a anterior, afirmasse ser o tributo devido.

Agora, porém, a consulta fiscal é respondida em instância única.

Realmente, a Lei 9.430, de 27.12.1996, estabeleceu que "no âmbito da Secretaria da Receita Federal,[2] os processos administrativos de consulta serão solucionados em instância única". E estabeleceu, também, que "não cabe pedido de reconsideração da solução da consulta ou do despacho que declarar sua ineficácia".

Essa mesma lei, em seu art. 49, estabeleceu que "não se aplicam aos processos de consulta no âmbito da Secretaria da Receita Federal as disposições dos arts. 54 a 58 do Decreto n. 70.235, de 6 de março de 1972".

Não há dúvida, portanto, de que, no âmbito da Administração Tributária Federal, no procedimento de consulta fiscal não cabe mais a interposição de recursos pelo consulente.

A questão que se pode colocar consiste em saber se a lei poderia mesmo excluir, como fez, o direito ao recurso, ou se esse direito tem fundamento na garantia constitucional do contraditório e ampla defesa, assegurada pelo art. 5º, LV, da vigente CF, segundo o qual *aos litigantes em processo judicial ou administrativo, e aos acusados em geral são assegurados o contraditório e ampla defesa, com os meios e recursos a ela inerentes.*

Ocorre que no procedimento de consulta fiscal não existe litígio. O legítimo interesse, tanto do consulente como da Administração Tributária, reside na correta interpretação da lei. E quando ocorra discordância do consulente quanto ao entendimento expresso pela Administração

1. Decreto 70.235, de 6.3.1972, art. 50.

2. A Secretaria da Receita Federal passou a denominar-se Secretaria da Receita Federal do Brasil, por força da Lei 11.457, de 16.3.2007.

na resposta à consulta o consulente pode ingressar em juízo com ação declaratória da relação jurídica tributária e seu modo de ser, em cujo julgamento será esclarecida a questão posta na consulta cuja resposta o contribuinte não aceitou.

Assim, a lei pode realmente excluir o direito ao recurso, determinando que a consulta seja respondida em instância única. Assim estabelecendo a lei não contraria a Constituição Federal.

Resta-nos saber como deve a autoridade administrativa proceder quando ocorra mudança do entendimento adotado pela Administração ao responder a uma consulta, questão que é da maior importância no estudo da consulta fiscal.

Vejamos.

9.3 Mudança do entendimento expresso a resposta à consulta

A entidade tributante certamente pode mudar o entendimento que adotou na resposta a uma consulta fiscal.

A resposta da Administração a uma consulta fiscal consubstancia verdadeira norma cujo significado deve expressar e cuja aplicação segue as mesmas regras, quanto à da lei no tempo. Assim, se com a mudança a Administração passa a adotar um entendimento mais gravoso para o consulente, essa mudança não retroage. Aplica-se a partir da data em que é comunicada oficialmente ao consulente.

Por outro lado, se com a mudança a Administração passa a adotar entendimento menos gravoso para o consulente, esse novo entendimento aplica-se retroativamente, devendo a Administração reconhecer como pago indevidamente o valor das diferenças para mais em relação ao valor devido em face do entendimento depois adotado.

A propósito da aplicação retroativa do entendimento favorável ao consulente, Rodrigo Augusto Verly de Oliveira, Auditor Fiscal da Receita Federal do Brasil e especialista em Direito Tributário pela Escola de Administração Fazendária, fazendo referência ao art. 48, §§ 11 e 12, da Lei 9.430, de 1996, afirmou, com toda razão, que:

> Por se tratar de medida de garantia do direito do contribuinte à estabilidade, os referidos dispositivos legais somente podem ser invocados a seu favor; significa dizer que, embora a Lei 9.430, de 1996, não tenha feito essa distinção, a interpretação superveniente favorável pode sim retroagir. A fim

de afastar qualquer dúvida, a Administração consignou, expressamente, no art. 14, § 6º, da Instrução Normativa RFB-740, de 2.5.2007, que "a nova orientação alcança apenas os fatos geradores que ocorrem após a sua publicação na Imprensa Oficial ou após a ciência do consulente, exceto se a nova orientação lhe for mais favorável, caso em que esta atingirá, também, o período abrangido pela solução anteriormente dada".

As medidas protetivas relacionadas ao processo de consulta pressupõem que o administrado tenha agido com lisura e lealdade: na hipótese de o consulente, de alguma forma, induzir a Administração a uma decisão inadequada ou inaplicável ao caso[3] não há outra solução senão a de invalidar com efeitos retroativos a solução de consulta favorável, em razão da inexistência de confiança legítima a ser protegida.[4]

Pode ocorrer, ainda, que, praticando o entendimento que lhe fora informado em consulta fiscal, o contribuinte adote prática que o coloca em desvantagem relativamente a concorrentes seus, e por isto sofra prejuízos na atividade empresarial. Assim, além do direito à restituição do que pagou indevidamente em face do entendimento que lhe fora informado, o consulente pode ter sofrido prejuízo porque vinha praticando preços superiores aos praticados por concorrentes seus, e, assim, tem direito também à indenização de tais prejuízos, conforme já reconheceu o STF.

É o que vamos examinar no item seguinte, com expressa referência a um caso apreciado pelo STF.

9.4 A mudança de entendimento e os direitos do consulente

Em seu excelente livro sobre a consulta fiscal, Kelly Magalhães Faleiro aborda o caso em que o STF afirmou o direito à indenização de contribuinte prejudicado por adotar um entendimento da Administração Pública expresso em resposta à consulta que formulara, depois modificado de sorte a permitir ao contribuinte um comportamento menos gravoso. E afirma que a resposta anteriormente dada ao contribuinte configura ilícito praticado, em face do qual existe o direito à indenização do prejudicado.

3. Constando em rodapé: Pode ocorrer de o contribuinte apresentar informações falsas ou omitir determinado dado relevante para a solução do processo de consulta.

4. Rodrigo Augusto Verly de Oliveira, *O Princípio da Segurança Jurídica e a Modificação da Interpretação da Lei Tributária no Âmbito da Administração Pública Federal*, artigo colhido no *Google*, Internet, em 4.8.2017, três últimos parágrafos do item 3.1.

Antes da transcrição do acórdão da Corte Maior, Faleiro escreve:

> A responsabilidade do Estado por atos ilícitos, violadores de direito, praticados por seus agentes e que acarretam prejuízo para os administrados é amplamente reconhecida pela doutrina e jurisprudência. E hoje já não mais se indaga da culpa subjetiva do agente; basta que se identifique a relação de causa e efeito entre o comportamento administrativo e o evento danoso.[5]
>
> O STF, em decisão emblemática, reconheceu à empresa que formulou consulta fiscal perante a Administração Estadual Paulista o direito à indenização por danos provocados em virtude da observância da resposta à consulta. No caso específico, a empresa apresentou consulta a pretexto de dúvida sobre o exato momento da ocorrência do fato gerador do ICMS nas saídas para entrega futura, se o momento da emissão da nota ou na efetiva saída dos produtos, tendo obtido como resposta que a ocorrência se daria no momento da emissão da nota para entrega futura. Posteriormente, tomando conhecimento de que empresas concorrentes adotavam conduta diversa e que respostas anteriores à sua já haviam sido proferidas pelo Fisco Paulista em sentido diametralmente oposto, tornou a empresa a formular consulta. Dessa vez a orientação (dada, convém observar, pelo mesmo consultor tributário) foi a de que a incidência se daria na oportunidade da saída dos produtos. Para ser ressarcida dos danos relativos à corrosão inflacionária do valor desembolsado antecipadamente a título de imposto, a empresa ingressou com ação judicial.[6]

Realmente, apreciando o RE 131.741-8-SP, o STF prolatou acórdão que porta a seguinte ementa:

> Tributário – Consulta – Indenização por danos causados.
>
> Ocorrendo resposta a consulta feita pelo contribuinte e vindo a Administração Pública, via o Fisco, a evoluir, impõe-se-lhe a responsabilidade por danos provocados pela observância do primitivo enfoque.

Em seu voto, o Min. Marco Aurélio, Relator do caso, depois de examinar os aspectos processuais concernentes ao cabimento do recurso, afirmou:

---

5. Constando em rodapé: V.: Celso Antônio Bandeira de Mello, *Curso de Direito Administrativo*, cit.; Hely Lopes Meirelles, *Curso de Direito Administrativo*, cit.; José dos Santos Carvalho Filho, *Manual de Direito Administrativo*, cit.

6. Kelly Magalhães Faleiro, *Procedimento de Consulta Fiscal*, São Paulo, Noeses, 2005, pp. 141-142. Sobre o texto que transcrevemos, uma observação: em vez de "saída para entrega futura", é melhor que se diga "venda para entrega futura".

Resta examinar o entendimento ao pressuposto específico, que é a violação à Carta Política da República, mais precisamente ao art. 107 da anterior, no que, tal como acontece com a atual, encerrava a responsabilidade das pessoas jurídicas de direito público pelos danos que os respectivos funcionários causassem a terceiros em tal qualidade. Colho como fatos incontroversos:

(a) A recorrente formulou consulta à Secretaria de Fazenda visando a elucidar o momento próprio do recolhimento do imposto sobre circulação de mercadorias – se ao ser expedida a nota fiscal para entrega futura ou a real saída dos produtos industrializados.

(b) A Secretaria de Fazenda, mediante pronunciamento da consultoria tributária, informou sobre a incidência quando da emissão da nota fiscal para entrega futura.

(c) Considerados procedimentos de outras empresas que atuam na área, voltou a recorrente a endereçar consulta à Secretaria, vindo à balha resposta, subscrita pelo mesmo consultor tributário – Dr. Álvaro Reis Laranjeira – e aprovada pelo Consultor Tributário-Chefe – Dr. Antônio Pinto da Silva – em sentido diametralmente oposto.

(d) À época dos recolhimentos, solapara a inflação.

O instituto da consulta tributária não se mostra informal.

E, depois de citar e transcrever dispositivos da legislação do ICMS, asseverou:

No caso dos autos, a recorrente, demonstrando integral confiança no Fisco e, portanto, havendo adotado postura de absoluta boa-fé, fez-lhe uma consulta e, a partir dela, adotou procedimento que, em última análise, veio a implicar antecipação do recolhimento do imposto. Enquanto isso, empresas congêneres agiam de modo diverso, tendo como data própria não a da emissão da nota fiscal para entrega futura, em se tratando de imposto diferido, mas da efetiva saída do produto industrializado. Eis que a ora recorrente, tomando conhecimento desse fato, voltou a consultar a Administração Pública, e esta, então, modificando a postura anterior, tudo indicando diante da admissibilidade, como correto, do que vinha sendo praticado pelas demais empresas, acabou por consignar que a data própria seria não a da expedição da nota fiscal, mas a da efetiva saída da mercadoria.

Sr. Presidente, este caso é exemplar no tocante à necessidade de adotar-se postura que estimula os contribuintes a acionarem o instituto da consulta e, ao mesmo tempo, atribua à Administração Pública uma maior responsabilidade ao respondê-las. De duas, uma: ou a Administração Pública não está compelida a atuar no âmbito da consultoria, ou está e, claudicando, pouco importando o motivo, assume os danos que tenha causado ao contribuinte. O que não se concebe é que, diante da normatividade da matéria, fique a

> Administração Pública, na hipótese de equívoco – e que, afinal, para ela implicou vantagem –, deixe de indenizar aquele que sofreu o correspondente prejuízo. Dizer-se que, na espécie, este não ocorreu é olvidar a perda do poder aquisitivo da moeda e, mais do que isto, a circunstância de precocemente haver o interessado desembolsado importância para satisfazer o tributo quando este ainda não era exigível. Reflita-se sobre a repercussão do dano diante dos efeitos da espiral inflacionária. Uma coisa é a antecipação voluntária, outra é a induzida por resposta do órgão próprio da Fazenda, que, uma vez descumprida, acarretaria a lavratura de auto de infração, sujeitando o contribuinte às penalidades aplicáveis.
>
> Conheço do extraordinário e o provejo, fazendo-o, até mesmo, em prol da credibilidade do setor público. Reformo o acórdão atacado, para acolher o pedido ora formulado, ao qual atribuo o alcance de reparar os prejuízos sofridos, considerados os recolhimentos feitos pela recorrente a partir da data em que obtida a resposta à consulta. Apure-se o devido mediante cálculos do contador e levando em conta os elementos contidos nos autos.[7]

Dúvida não pode haver de que o contribuinte que adota durante algum tempo o entendimento que lhe é informado pela Administração em resposta a consulta fiscal, e depois resta demonstrado que contribuintes outros, seus concorrentes na atividade econômica, suportavam menor ônus tributário também com amparo em resposta a consulta fiscal por eles formulada, tem direito à indenização de seu prejuízo, pois esse prejuízo decorreu, indiscutivelmente, de orientação indevida que lhe deu a autoridade administrativa.

---

7. STF, RE 131.741-8-SP, j. 9.4.1996.

10
CONCLUSÕES

Em face do que foi exposto neste pequeno livro, podemos firmar, em síntese, as seguintes conclusões:

10.1 A consulta fiscal é um importante procedimento através do qual o órgão competente da Administração Tributária informa ao consulente o ponto de vista do Fisco a respeito da aplicação da legislação tributária a um fato determinado.

10.2 O direito à consulta fiscal tem fundamento constitucional no direito à informação, colocado pela vigente CF em seu art. 5º, XXXIII, a dizer que *todos têm direito a receber dos órgãos públicos informações de seu interesse particular, ou de interesse coletivo ou geral, que serão prestadas no prazo da lei, sob pena de responsabilidade, ressalvados aquelas cujo sigilo seja imprescindível à segurança da sociedade e do Estado.*

10.3 O objeto da consulta fiscal consiste na questão de saber como a Administração, no exercício do poder de exigir tributo, entende o sentido e o alcance de uma regra jurídica. O contribuinte até pode ter a sua certeza, mas ao formular a consulta ele quer saber qual é o entendimento do Fisco, seja para se submeter a esse entendimento, seja para se antecipar no questionamento desse entendimento perante o Poder Judiciário.

10.4 Podem formular consulta fiscal o sujeito passivo de obrigação tributária principal ou acessória e, ainda, os órgãos da Administração Pública e as entidades representativas de categorias econômicas ou profissionais.

10.5 A consulta fiscal deve ter, sempre, a forma escrita. Admite-se a consulta verbal apenas para os casos mais simples, quando o consulente não necessite de maiores esclarecimentos nem de comprovação de que fez a consulta. Os denominados plantões fiscais existem apenas para o esclarecimento de pequenas dúvidas, quando o consulente não precisa da prova de que agiu nos termos de orientação recebida do Fisco.

10.6 O objetivo ou finalidade da consulta fiscal é a informação a respeito de como a Administração interpreta e aplica a legislação tributária a um fato determinado, e mesmo nos casos em que o consulente seja o sujeito passivo da obrigação tributária e pretenda questionar o entendimento do Fisco é correto dizer-se que o objetivo da consulta é obter a informação.

10.7 Os efeitos produzidos pela formulação de uma consulta fiscal são distintos conforme se trate de consulta formulada em face de caso concreto ou diante de simples hipótese.

10.8 Quando a consulta é formulada pelo contribuinte em face de hipótese por ele formulada ou tenha sido formulada por terceiro a resposta tem efeito de simples manifestação de opinião da Administração Tributária. Tem efeito de simples interpretação, até porque o contribuinte poderá evitar a ocorrência do fato que enseja a dúvida objeto da consulta.

10.9 Constituem efeitos da formulação da consulta fiscal formulada em face de caso concreto: (a) impedir a instauração de procedimento fiscal contra o consulente envolvendo o objeto da consulta fiscal, até 30 dias depois da resposta que indique o procedimento correto a ser por ele adotado; (b) a suspensão do curso do prazo para pagamento do tributo; (c) a suspensão da exigibilidade do crédito tributário; (d) colocação de óbice à realização de lançamento tributário, vale dizer, à constituição de crédito tributário contra o consulente; (e) impedimento da fluência de juros de mora; (f) impede ou suspensão a imposição de penalidades ao consulente.

10.10 Talvez o mais importante efeito da formulação de uma consulta fiscal seja garantir ao consulente a desejada segurança jurídica no desempenho de suas atividades.

10.11 No caso de consulta fiscal formulada por entidade representativa de categoria econômica ou profissional, para os sujeitos passivos da obrigação tributária a consulta somente produz efeitos depois de respondida, porque tais efeitos, a rigor, não decorrem da formulação, mas da resposta oferecida pelo órgão público consultado.

10.12 A consulta fiscal somente produzirá efeitos se regularmente formulada, e a Administração tem larga margem para negar efeito à formulação de uma consulta, bastando alegar que o fato está disciplinado em dispositivo literal de lei ou que o fato objeto da consulta está disciplinado em ato normativo publicado antes de sua apresentação.

10.13 A nosso ver, a recusa de efeito à formulação da consulta fiscal, nos termos da conclusão precedente, não se justifica, tanto porque em muitas situações é extremamente subjetiva a compreensão de que o fato está previsto em dispositivo literal de lei como porque a dúvida pode ter surgido exatamente desse ato normativo.

10.14 Constituem efeitos da resposta à consulta fiscal: (a) proteger o consulente que atua de conformidade com a resposta contra qualquer procedimento fiscal fundado em entendimento diverso; (b) o direito de ser indenizado pelos prejuízos que eventualmente venha a sofrer por atuar conforme a resposta quando outros contribuintes, também amparados em respostas a consultas que formularam, atuaram de forma economicamente mais lucrativa.

10.15 Confirmando o entendimento expresso na letra "b" da conclusão anterior manifestou-se já o STF, no julgamento do RE 131.741-8-SP, do qual foi Relator o Min. Marco Aurélio.

BIBLIOGRAFIA

AMARO, Luciano da Silva. "Do processo de consulta". In: CARVALHO, Célia B. de, e PRADE, Péricles Luiz M. (coords.). *Novo Processo Tributário*. São Paulo, Resenha Tributária, 1975.

BALEEIRO, Aliomar. *Direito Tributário Brasileiro*. 11ª ed. Rio de Janeiro, Forense, 1999.

BALERA, Wagner. "Consulta em matéria tributária", *RDTributário* 45/218-228. São Paulo, Ed. RT, julho-setembro/1988.

BANDEIRA DE MELLO, Celso Antônio. *Curso de Direito Administrativo*. 33ª ed. São Paulo, Malheiros Editores, 2017.

BARRETO, Aires Fernandino. "Procedimento administrativo tributário". *RDTributário* 75/186-188. São Paulo, Malheiros Editores.

_________ (Coord.). "Processo administrativo tributário e controle de constitucionalidade pelos tribunais administrativos". *RDTributário* 75/151-161. São Paulo, Malheiros Editores.

BIELSA, Rafael. *Los Conceptos Jurídicos y su Terminología*. 3ª ed. Buenos Aires, Depalma, 1987.

BRITO, Edvaldo. "Processo fiscal. Prova testemunhal". In: ROCHA, Valdir de Oliveira (coord.). *Grandes Questões Atuais do Direito Tributário*. 14º vol. São Paulo, Dialética, 2010.

BUZAID, Alfredo. *Do Mandado de Segurança*. 1º vol. São Paulo, Saraiva, 1989.

CABRAL, Antônio da Silva. *Processo Administrativo Fiscal*. São Paulo, Saraiva, 1993.

CARVALHO, A. A. Contreiras de. *Doutrina e Aplicação do Direito Tributário*. Rio de Janeiro/São Paulo, Livraria Freitas Bastos, 1969.

_________. *Processo Administrativo Tributário*. São Paulo, Resenha Tributária, 1978.

DAHRENDORF, Ralf. *Ley y Orden*. Trad. de Luis María Díez-Picazo. Madri, Civitas, 1994.

FALEIRO, Kelly Magalhães. *Procedimento de Consulta Fiscal*. São Paulo, Noeses, 2005.

FERREIRA, Adelmar. *Direito Fiscal*. São Paulo, Saraiva, 1961.

FREITAS, Juarez. *Estudos de Direito Administrativo*. 2ª ed. São Paulo, Malheiros Editores, 1997.

GIANNETTI, Leonardo Varella. "Segurança jurídica e incentivos fiscais: um tema antigo, mas ainda presente nas lides tributárias". In: MACHADO SEGUNDO, Hugo de Brito, MURICI, Gustavo Lanna, e RODRIGUES, Raphael Silva (orgs.). *O Cinquentenário do Código Tributário Nacional*. vol. 1. Belo Horizonte, D'Plácido Editora, 2017.

GODOY, Walter. *Os Direitos dos Contribuintes*. 2ª ed. Porto Alegre, Síntese, 2003.

HUME, David. *Tratado da Natureza Humana*. 2ª ed., trad. de Débora Danowski. São Paulo, UNESP, 2009.

JANCZESKI, Célio Armando. *Direito Processual Tributário*. Florianópolis, OAB/SC Editora, 2005.

LÓPEZ, Maria Teresa Martínez, e NEDER, Marcos Vinicius. *Processo Administrativo Fiscal Federal Comentado*. 3ª ed. São Paulo, Dialética, 2010.

MACHADO, Hugo de Brito. "A importância dos conceitos jurídicos na hierarquia normativa – Natureza meramente didática do art. 110 do CTN". *Revista Dialética de Direito Tributário* 98/71-90. São Paulo, Dialética, novembro/2003.

__________. *Comentários ao Código Tributário Nacional*. 2ª ed., vol. III. São Paulo, Atlas, 2009.

__________. *Curso de Direito Tributário*. 38ª ed. São Paulo, Malheiros Editores, 2017.

__________. *Introdução ao Estudo do Direito*. 3ª ed. São Paulo, Atlas, 2012.

__________. "Mandado de segurança e consulta fiscal". *Correio Braziliense* 15.093, "Direito & Justiça", pp. 4-5; *LTr Suplemento Tributário* 004-1993/17-19. São Paulo, 1993; *RDTributário* 61/109-114. São Paulo, Malheiros Editores, s/d; *Revista Trimestral de Jurisprudência dos Estados/RTJE* 112/47-56; In: *Mandado de Segurança em Matéria Tributária*. 9ª ed. São Paulo, Malheiros Editores, 2016 (Capítulo 14).

__________. *Mandado de Segurança em Matéria Tributária*. 9ª ed. São Paulo, Malheiros Editores, 1998.

__________. *Responsabilidade Pessoal do Agente Público por Danos ao Contribuinte*. São Paulo, Malheiros Editores, 2017.

__________. "Resposta à consulta e defesa do contribuinte". *Repertório IOB de Jurisprudência* 17-1987/235.

MACHADO, Hugo de Brito, e MACHADO, Schubert de Farias. *Dicionário de Direito Tributário*. São Paulo, Atlas, 2011.

MACHADO SEGUNDO, Hugo de Brito. *Processo Tributário*. 7ª ed. São Paulo, Atlas, 2014; 9ª ed. São Paulo, Atlas, 2017.

MACHADO SEGUNDO, Hugo de Brito, MURICI, Gustavo Lanna, e RODRIGUES, Raphael Silva (orgs.), *O Cinquentenário do Código Tributário Nacional*. vol. 1. Belo Horizonte, D'Plácido Editora, 2017.

MARTÍNEZ, Francisco David Adame. *La Consulta Tributaria*. Granada, Editorial Comares, 2000.

__________. "Naturaleza jurídica y efectos de las contestaciones a consultas tributarias". *Cronica Tributaria* 119/9-43. Madri, Instituto de Estudios Fiscales.

MARTINS, Ives Gandra da Silva (coord.). *Direitos Fundamentais do Contribuinte*. São Paulo, Centro de Extensão Universitária/Ed. RT, 2000.

MELO, José Eduardo Soares de. "Nulidades do processo administrativo tributário". *Revista Fórum de Direito Tributário* 67/9-31. Belo Horizonte, Fórum, janeiro-fevereiro/2014.

MORAES, Bernardo Ribeiro de. *Compêndio de Direito Tributário*. Rio de Janeiro, Forense, 1984.

MOREIRA ALVES, José Carlos. "Conferência Inaugural – XXIV Simpósio Nacional de Direito Tributário". In: MARTINS, Ives Gandra da Silva (coord.). *Direitos Fundamentais do Contribuinte*. São Paulo, Centro de Extensão Universitária/Ed. RT, 2000.

MURICI, Gustavo Lanna, MACHADO SEGUNDO, Hugo de Brito, e RODRIGUES, Raphael Silva (orgs.), *O Cinquentenário do Código Tributário Nacional*. vol. 1. Belo Horizonte, D'Plácido Editora, 2017.

NEDER, Marcos Vinicius, e LÓPEZ, Maria Teresa Martínez. *Processo Administrativo Fiscal Federal Comentado*. 3ª ed. São Paulo, Dialética, 2010.

OLIVEIRA, José Jaime de Macedo. *Código Tributário Nacional – Comentários; Doutrina; Jurisprudência*. São Paulo, Saraiva, 1998.

OLIVEIRA, Rodrigo Augusto Verly de. *O Princípio da Segurança Jurídica e a Modificação da Interpretação da Lei Tributária no Âmbito da Administração Pública Federal*. Artigo colhido no Google, Internet, em 4.8.2017.

RADBRUCH, Gustav. *Filosofia do Direito*. 5ª ed., trad. de L. Cabral de Moncada. Coimbra, Arménio Amado Editor, 1974.

ROCHA, José de Albuquerque. *Teoria Geral do Processo*. 6ª ed. São Paulo, Malheiros Editores, 2002.

ROCHA, Valdir de Oliveira. *A Consulta Fiscal*. São Paulo, Dialética, 1996.

__________ (coord.). *Grandes Questões Atuais do Direito Tributário*. 14º vol. São Paulo, Dialética, 2010.

__________. *Processo Administrativo Fiscal*. São Paulo, Dialética, 1995.

RODRIGUES, Raphael Silva, MACHADO SEGUNDO, Hugo de Brito, e MURICI, Gustavo Lanna (orgs.), *O Cinquentenário do Código Tributário Nacional*. vol. 1. Belo Horizonte, D'Plácido Editora, 2017.

SANTOS, Moacyr Amaral. *Primeiras Linhas de Direito Processual Civil*. 13ª ed., 2º vol. São Paulo, Saraiva, 1990.

SEIXAS FILHO, Aurélio Pitanga. *Estudos de Procedimento Administrativo Fiscal*. Rio de Janeiro, Freitas Bastos, 2000.

SOUTO MAIOR BORGES, José. *Obrigação Tributária – Uma Introdução Metodológica*. São Paulo, Saraiva, 1984.

________. "Sobre a preclusão da faculdade de rever resposta pró-contribuinte em consulta fiscal e descabimento de recurso pela Administração Fiscal". *Revista Dialética de Direito Tributário* 154/76-91. São Paulo, Dialética.

TIMM, Humberto Bruno. *O Processo Administrativo Fiscal Interpretado*. São Paulo, Resenha Tributária, 1972.

VASCONCELOS, Arnaldo. *Teoria da Norma Jurídica*. Rio de Janeiro, Forense, 1976.

XAVIER, Alberto. "A questão da apreciação da inconstitucionalidade das leis pelos órgãos judicantes da Administração Fazendária". *Revista Dialética de Direito Tributário* 103. São Paulo, Dialética, abril/2004.

LEGISLAÇÃO

DECRETO N. 70.235, DE 6 DE MARÇO DE 1972

Dispõe sobre o processo administrativo fiscal e dá outras providências.

(...).

Capítulo II

Do Processo de Consulta

Art. 46. O sujeito passivo poderá formular consulta sobre dispositivos da legislação tributária aplicáveis a fato determinado.

Parágrafo único. Os órgãos da Administração Pública e as entidades representativas de categorias econômicas ou profissionais também poderão formular consulta.

Art. 47. A consulta deverá ser apresentada por escrito, no domicílio tributário do consulente, ao órgão local da entidade incumbida de administrar o tributo sobre que versa.

Art. 48. Salvo o disposto no artigo seguinte, nenhum procedimento fiscal será instaurado contra o sujeito passivo relativamente à espécie consultada, a partir da apresentação da consulta até o trigésimo dia subsequente à data da ciência: I – de decisão de primeira instância da qual não tenha sido interposto recurso; II – de decisão de segunda instância.

Art. 49. A consulta não suspende o prazo para recolhimento de tributo, retido na fonte ou autolançado antes ou depois de sua apresentação, nem o prazo para apresentação de declaração de rendimentos.

Art. 50. A decisão de segunda instância não obriga ao contribuinte de tributo que deixou de ser retido ou autolançado após a decisão reformada e de acordo com a orientação desta, no período compreendido entre as datas de ciência das duas decisões.

Art. 51. No caso de consulta formulada por entidade representativa de categoria econômica ou profissional, os efeitos referidos no art. 48 só alcançam seus associados ou filiados depois de certificado o consulente da decisão.

Art. 52. Não produzirá efeito a consulta formulada: I – em desacordo com os arts. 46 e 47; II – por quem tiver sido intimado a cumprir obrigação relativa ao fato objeto da consulta; III – por quem estiver sob procedimento fiscal iniciado para apurar fatos que se relacionem com a matéria consultada; IV – quanto o fato já houver sido objeto de decisão anterior, ainda não modificada, proferida em consulta ou litígio em que tenha sido parte o consulente; V – quanto o fato estiver disciplinado em ato normativo, publicado antes de sua apresentação; VI – quando o fato estiver definido ou declarado em disposição literal de lei; VII – quando o fato for definido como crime ou contravenção penal; VIII – quando não descrever, completa ou exatamente, a hipótese a que se referir, ou não contiver os elementos necessários à sua solução, salvo se a inexatidão ou omissão for escusável, a critério da autoridade julgadora.

Art. 53. O preparo do processo compete ao órgão local da entidade encarregada da administração do tributo.

Art. 54. O julgamento compete: I – em primeira instância: a) aos Superintendentes Regionais da Receita Federal, quanto aos tributos administrados pela Secretaria da Receita Federal, atendida, no julgamento, a orientação emanada dos atos normativos da Coordenação do Sistema de Tributação; b) às autoridades referidas na alínea "b" do inciso I do art. 25; II – em segunda instância: a) ao Coordenador do Sistema de Tributação, da Secretaria da Receita Federal, salvo quanto aos tributos incluídos na competência julgadora de outro órgão da Administração Federal; b) à autoridade mencionada na legislação dos tributos, ressalvados na alínea precedente ou, na falta dessa indicação, à que for designada pela autoridade que administra o tributo; III – em instância única, ao Coordenador do Sistema de Tributação, quanto às consultas relativas aos tributos administrados pela Secretaria da Receita Federal e formuladas: a) sobre classificação fiscal de mercadorias; b) pelos órgãos centrais da Administração Pública; c) por entidades representativas de categorias econômicas ou profissionais, de âmbito nacional.

Art. 55. Compete à autoridade julgadora declarar a ineficácia da consulta.

Art. 56. Cabe recurso voluntário, com efeito suspensivo, de decisão de primeira instância, dentro de 30 (trinta) dias contados da ciência.

Art. 57. A autoridade de primeira instância recorrerá de ofício de decisão favorável ao consulente.

Art. 58. Não cabe pedido de reconsideração de decisão proferida em processo de consulta, inclusive da que declarar a sua ineficácia.

(...).

* * *

LEI N. 9.430, DE 27 DE DEZEMBRO DE 1996

Dispõe sobre a legislação tributária federal, as contribuições para a Seguridade Social, o processo administrativo de consulta e dá outras providências.

(...).

Capítulo V – **Disposições Gerais**

Seção I – *Processo Administrativo de Consulta*

Art. 48. No âmbito da Secretaria da Receita Federal,[1] os processos administrativos de consulta serão solucionados em instância única.

§ 1º. A competência para solucionar a consulta ou declarar sua ineficácia, na forma disciplinada pela Secretaria da Receita Federal do Brasil, poderá ser atribuída: I – a unidade central; ou II – a unidade descentralizada.

§ 2º. Os atos normativos expedidos pelas autoridades competentes serão observados quando da solução da consulta.

§ 3º. Não cabe recurso nem pedido de reconsideração da solução da consulta ou do despacho que declarar sua ineficácia.

§ 4º. As soluções das consultas serão publicadas pela Imprensa Oficial, na forma disposta em ato normativo emitido pela Secretaria da Receita Federal.

§ 5º. Havendo diferença de conclusões entre soluções de consultas relativas a uma mesma matéria, fundada em idêntica norma jurídica, cabe recurso especial, sem efeito suspensivo, para o órgão de que trata o inciso I do § 1º.

§ 6º. O recurso de que trata o parágrafo anterior pode ser interposto pelo destinatário da solução divergente, no prazo de 30 (trinta) dias, contados da ciência da solução.

§ 7º. Cabe a quem interpuser o recurso comprovar a existência das soluções divergentes sobre idênticas situações.

§ 8º. O juízo de admissibilidade do recurso será realizado na forma disciplinada pela Secretaria da Receita Federal do Brasil (*redação dada pela Lei 12.788, de 14.1.2013*).

§ 9º. Qualquer servidor da Administração Tributária deverá, a qualquer tempo, formular representação ao órgão que houver proferido a decisão, encaminhando as soluções divergentes sobre a mesma matéria, de que tenha conhecimento.

§ 10. O sujeito passivo que tiver conhecimento da solução divergente daquela que esteja observando em decorrência de consulta anteriormente formulada,

1. A Secretaria da Receita Federal passou a denominar-se Secretaria da Receita Federal do Brasil, por força da Lei 11.457, de 16.3.2007.

sobre idêntica matéria, poderá adotar o procedimento previsto no § 5º, no prazo de 30 (trinta) dias contados da respectiva publicação.

§ 11. A solução da divergência acarretará, em qualquer hipótese, a edição de ato específico, uniformizando o entendimento, com imediata ciência ao destinatário da solução reformada, aplicando-se seus efeitos a partir da data da ciência.

§ 12. Se, após a resposta à consulta, a Administração alterar o entendimento nela expresso, a nova orientação atingirá, apenas, os fatos geradores que ocorram após dada ciência ao consulente ou após a sua publicação pela Imprensa Oficial.

§ 13. A partir de 1º de janeiro de 1997, cessarão todos os efeitos decorrentes de consultas não solucionadas definitivamente, ficando assegurado aos consulentes, até 31 de janeiro de 1997: I – a não instauração de procedimento de fiscalização em relação à matéria consultada; II – a renovação da consulta anteriormente formulada, à qual serão aplicadas as normas previstas nesta Lei.

§ 14. A consulta poderá ser formulada por meio eletrônico, na forma disciplinada pela Secretaria da Receita Federal do Brasil (*§§ 14 e 15 com redação dada pela Lei 12.788, de 14.1.2013*).

§ 15. O Poder Executivo regulamentará prazo para solução das consultas de que trata este artigo.

Art. 49. Não se aplicam aos processos de consulta no âmbito da Secretaria da Receita Federal as disposições dos arts. 54 a 58 do Decreto n. 70.235, de 6 de março de 1972.

Art. 50. Aplicam-se aos processos de consulta relativos à classificação de mercadorias as disposições dos arts. 46 a 53 do Decreto n. 70.235, de 6 de março de 1972, e do art. 48 desta Lei.

§ 1º. O órgão de que trata o inciso I do art. 48 poderá alterar ou reformar, de ofício, as decisões proferidas nos processos relativos à classificação de mercadorias.

§ 2º. Da alteração ou reforma mencionada no parágrafo anterior deverá ser dada ciência ao consulente.

§ 3º. Em relação aos atos praticados até a data da ciência ao consulente, nos casos de que trata o § 1º deste artigo, aplicam-se as conclusões da decisão proferida pelo órgão regional da Secretaria da Receita Federal.

§ 4º. O envio de conclusões decorrentes de decisões proferidas em processos de consulta sobre classificação de mercadorias, para órgãos do Mercado Comum do Sul – MERCOSUL, será efetuado exclusivamente pelo órgão de que trata o inciso I do § 1º do art. 48.

* * *

DECRETO N. 7.574, DE 29 DE SETEMBRO DE 2011

Regulamenta o processo de determinação e de exigência de créditos tributários da União, o processo de consulta relativo à interpretação da legislação tributária e aduaneira, à classificação fiscal de mercadorias, à classificação de serviços, intangíveis e de outras operações que produzam variações no patrimônio e de outros processos que especifica, sobre matérias administradas pela Secretaria da Receita Federal do Brasil. (*Redação dada pelo Decreto 8.853/2016*)

Art. 1º. O processo de determinação e de exigência de créditos tributários da União, o processo de consulta relativo à interpretação da legislação tributária e aduaneira, à classificação fiscal de mercadorias, à classificação de serviços, intangíveis e de outras operações que produzam variações no patrimônio e de outros processos administrativos relativos às matérias de competência da Secretaria da Receita Federal do Brasil serão regidos conforme o disposto neste Decreto. (*Redação dada pelo Decreto 8.853/2016*)

(...).

TÍTULO III
DOS OUTROS PROCESSOS ADMINISTRATIVOS

Capítulo I – **Do Processo de Consulta**

Seção I – *Da Legitimidade para Formular Consulta*

Art. 88. O sujeito passivo poderá formular consulta sobre a interpretação da legislação tributária e aduaneira aplicável a fato determinado e sobre a classificação fiscal de mercadorias e a classificação de serviços, intangíveis e de outras operações que produzam variações no patrimônio, com base na Nomenclatura Brasileira de Serviços, Intangíveis e Outras Operações que Produzam Variações no Patrimônio. (*Redação dada pelo Decreto 8.853/2016*)

Parágrafo único. A consulta de que trata o *caput* é facultada aos órgãos da administração pública e às entidades representativas de categorias econômicas ou profissionais. (*Decreto 70.235/1972, art. 46, parágrafo único*)

Seção II – *Dos Efeitos da Consulta*

Art. 89. Nenhum procedimento fiscal será instaurado, relativamente à espécie consultada, contra o sujeito passivo alcançado pela consulta, a partir da apresentação da consulta até o trigésimo dia subsequente à data da ciência da decisão que lhe der solução definitiva. (*Decreto 70.235/1972, arts. 48 e 49; Lei 9.430/1996, art. 48, "caput" e § 3º*)

§ 1º. A apresentação da consulta:

I – não suspende o prazo:

a) para recolhimento de tributo, retido na fonte ou declarado (autolançado), antes ou depois da data de apresentação; e

b) para a apresentação de declaração de rendimentos; e

II – não impede a instauração de procedimento fiscal para fins de apuração da regularidade do recolhimento de tributos e da apresentação de declarações.

§ 2º. No caso de consulta formulada por entidade representativa de categoria econômica ou profissional, os efeitos referidos no *caput* só alcançam seus associados ou filiados depois de cientificada a entidade consulente da decisão. (*Redação dada pelo. Decreto 8.853/2016*)

Art. 90. Em se tratando de consulta eficaz e formulada antes do vencimento do débito, não incidirão encargos moratórios desde seu protocolo até o trigésimo dia subsequente à data da ciência de sua solução. (*Lei 5.172/1966 – CTN, art. 161, § 2º*).

Seção III – *Dos Requisitos da Consulta*

Art. 91. A consulta deverá ser formulada por escrito e apresentada na unidade da Secretaria da Receita Federal do Brasil do domicílio tributário do consulente. (*Redação dada pelo Decreto 8.853/2016*)

Parágrafo único. A consulta poderá ser formulada por meio eletrônico, na forma disciplinada pela Secretaria da Receita Federal do Brasil. (*Incluído pelo Decreto 8.853/2016*)

Seção IV – *Da Competência para a Solução da Consulta*

Art. 92. A competência para solucionar a consulta ou declarar sua ineficácia, na forma disciplinada pela Secretaria da Receita Federal do Brasil, poderá ser atribuída: (*Redação dada pelo Decreto 8.853/2016*)

I – à unidade central; ou (*Redação dada pelo Decreto 8.853/2016*)

II – à unidade descentralizada. (*Redação dada pelo Decreto 8.853/2016*)

Art. 93. A competência para solucionar consultas relativas ao Simples Nacional é da Secretaria da Receita Federal do Brasil quando se referir a tributos administrados por esse órgão. (*Lei Complementar 123/2006, art. 40*)

Seção V – *Da Ineficácia da Consulta*

Art. 94. Não produzirá qualquer efeito a consulta formulada: (*Decreto 70.235/1972, art. 52*)

I – em desacordo com o disposto nos arts. 88 e 91;

II – por quem tiver sido intimado a cumprir obrigação relativa ao fato objeto da consulta;

III – por quem estiver sob procedimento fiscal iniciado para apurar fatos que se relacionem com a matéria consultada;

IV – quando o fato já houver sido objeto de decisão anterior, ainda não modificada, proferida em consulta ou litígio em que tenha sido parte o consulente;

V – quando o fato estiver disciplinado em ato normativo, publicado antes de sua apresentação;

VI – quando o fato estiver definido ou declarado em disposição literal de lei;

VII – quando o fato for definido como crime ou contravenção penal; e

VIII – quando não descrever, completa ou exatamente, a hipótese a que se referir, ou não contiver os elementos necessários à sua solução, salvo se a inexatidão ou omissão for escusável, a critério da autoridade julgadora.

Seção VI – *Da Solução da Consulta*

Art. 95. Os processos administrativos de consulta serão solucionados em instância única. (*Lei 9.430/1996, art. 48, "caput"*)

§ 1º. Não cabe recurso nem pedido de reconsideração da solução da consulta ou do despacho que declarar sua ineficácia. (*Incluído pelo Decreto 8.853/2016*)

§ 2º. A consulta será solucionada no prazo máximo de trezentos e sessenta dias, contado da data de protocolo. (*Incluído pelo Decreto 8.853/2016*)

Art. 96. Na solução da consulta serão observados os atos administrativos, expedidos pelas autoridades competentes, relativos à matéria consultada (*Lei 9.430/1996, art. 48, § 2º*).

Art. 97. As soluções das consultas serão publicadas no *Diário Oficial da União*, na forma disposta em ato normativo da Secretaria da Receita Federal do Brasil. (*Lei 9.430/1996, art. 48, § 4º*)

Art. 98. O envio de conclusões decorrentes de decisões proferidas em processos de consulta sobre classificação fiscal de mercadorias para órgãos do Mercado Comum do Sul – MERCOSUL será efetuado exclusivamente pela unidade indicada no inciso I do art. 92. (*Lei 9.430/1996, art. 50, § 4º*).

Seção VII – *Da Mudança de Entendimento*

Art. 99. O entendimento manifestado em decisão relativa a processo de consulta sobre classificação fiscal de mercadorias poderá ser alterado ou reformado, de ofício, pela unidade indicada no inciso I do art. 92. (*Lei 9.430/1996, art. 50, §§ 1º a 3º*)

§ 1º. O consulente deverá ser cientificado da alteração ou da reforma de entendimento.

§ 2º. Aplica-se o entendimento manifestado em decisão proferida por Superintendência Regional da Receita Federal do Brasil aos atos praticados pelo sujeito passivo até a data da ciência, ao consulente, da alteração ou da reforma de que trata o *caput*.

Art. 100. Se, após a resposta à consulta, a administração alterar o entendimento expresso na respectiva solução, a nova orientação atingirá apenas os fatos geradores que ocorrerem após ser dada ciência ao consulente ou após a sua publicação na imprensa oficial. (*Lei 9.430/1996, art. 48, § 12*)

Parágrafo único. Na hipótese de alteração de entendimento expresso em solução de consulta, a nova orientação alcança apenas os fatos geradores que ocorrerem após a sua publicação na Imprensa Oficial ou após a ciência do consulente, exceto se a nova orientação lhe for mais favorável, caso em que esta atingirá, também, o período abrangido pela solução anteriormente dada.

Seção VIII – *Do Recurso Especial*

Art. 101. Cabe recurso especial, sem efeito suspensivo, junto à unidade indicada no inciso I do art. 92, nos casos em que se verificar a ocorrência de conclusões divergentes entre soluções de consulta relativas a idêntica matéria, fundada em idêntica norma jurídica. (*Lei 9.430/1996, art. 48, §§ 5º a 8º, 10 e 11*)

§ 1º. O recurso especial pode ser interposto pelo destinatário da solução divergente, no prazo de trinta dias, contados da data da ciência da solução.

§ 2º. O sujeito passivo que tiver conhecimento de solução divergente daquela que esteja observando em decorrência de resposta a consulta anteriormente formulada, sobre idêntica matéria, poderá adotar o procedimento previsto no *caput*, no prazo de trinta dias, contados da data da respectiva publicação.

§ 3º. Cabe a quem interpuser o recurso comprovar a existência das soluções divergentes sobre idênticas matérias.

§ 4º. O exame de admissibilidade do recurso será realizado na forma disciplinada pela Secretaria da Receita Federal do Brasil. (*Redação dada pelo Decreto 8.853/2016*)

§ 5º. A solução da divergência acarretará, em qualquer hipótese, a edição de ato administrativo específico, uniformizando o entendimento, com imediata ciência ao destinatário da solução reformada, aplicando-se seus efeitos a partir da data da ciência, respeitado o disposto no parágrafo único do art. 100.

Seção IX – *Da Representação*

Art. 102. Qualquer servidor da administração tributária deverá, a qualquer tempo, formular representação ao órgão que houver proferido a decisão, encaminhando as soluções divergentes sobre idêntica matéria, de que tenha conhecimento. (*Lei 9.430/1996, art. 48, §§ 8º e 9º*)

Parágrafo único. O juízo de admissibilidade da representação será realizado na forma disciplinada pela Secretaria da Receita Federal do Brasil. (*Redação dada pelo Decreto 8.853/2016*)

(...).

Art. 148. Este regulamento incorpora a legislação editada sobre a matéria até 19 de janeiro de 2015. (*Redação dada pelo Decreto 8.853/2016*)

Art. 149. Este Decreto entra em vigor na data de sua publicação.

(...).

* * *

CONSULTA SOBRE INTERPRETAÇÃO DA LEGISLAÇÃO TRIBUTÁRIA

Subsecretaria de Tributação e Contencioso (23.1.2015)

Conceitos básicos – A solução da consulta – Efeitos da consulta – Competência para solucionar consultas – Documentação necessária – Local de apresentação da consulta – Formulário de consulta – Base normativa

v.: *http://idg.receita.fazenda.gov.br/acesso-rapido/legislacao/consulta-sobre-interpretacao-da-legislacao-tributaria*

nota do atualizador: *ver: https://www.gov.br/receitafederal/pt-br/acesso-a-informacao/legislacao/consulta-sobre-interpretacao-da-legislacao-tributaria*

* * *

EDITORA JusPODIVM | MALHEIROS EDITORES
www.editorajuspodivm.com.br
RENOVA GRAF
www.renovagraf.com.br
JMA0093